KB058997

나는　나와

놀아주기로

했　　다

* 일러두기

이 책에 담긴 다양한 치료기법은 저자가 여러 곳에서 배우고 직접 경험하거나 참고문헌을 통해 공부한 내용을 응용한 것들입니다. 그 과정에서 많은 도움을 주신 분들에게 감사를 드립니다. 저작권에 어긋나지 않도록 세심한 주의를 기울였지만 혹시 문제가 있는 부분이 있으면 연락을 부탁드립니다.

나는 나와 놀아주기로 했다

초판 1쇄 발행 _ 2021년 3월 15일
초판 2쇄 발행 _ 2021년 3월 25일

지은이 _ 조선화

펴낸곳 _ 바이북스
펴낸이 _ 윤옥초
책임 편집 _ 김태윤
책임 디자인 _ 이민영

ISBN _ 979-11-5877-232-1 03190

등록 _ 2005. 7. 12 | 제 313-2005-000148호

서울시 영등포구 선유로49길 23 아이에스비즈타워2차 1005호
편집 02)333-0812 | 마케팅 02)333-9918 | 팩스 02)333-9960
이메일 postmaster@bybooks.co.kr
홈페이지 www.bybooks.co.kr

책값은 뒤표지에 있습니다.
책으로 아름다운 세상을 만듭니다. — 바이북스

미래를 함께 꿈꿀 작가님의 참신한 아이디어나 원고를 기다립니다.
이메일로 접수한 원고는 검토 후 연락드리겠습니다.

나는 나와
놀아주기로
했다

조선화 글·그림

바이북스
ByBooks

<u>프롤로그</u>

아무리 좋은 말을 해도 들리지 않을 때가 있습니다.

남들은 다 괜찮다고 말하지만 내 마음은 안 괜찮다고 느껴질 때

하늘은 쨍하니 맑은데 내 마음에 먹구름이 가득할 때

그땐 어쩐지 세상이 나를 외면하는 것처럼 슬프고

나만 빼고 모든 사람이 괜찮은 것처럼 아픕니다.

세상은 모두가 함께 가는 것이지만,

내가 행복하지 않으면, 내 마음이 풍요롭지 않으면

힘들고 외롭고 서럽고 아픈 법입니다.

그땐 누가 무슨 말을 해도 내 행복과 상관없는 것처럼 보입니다.

그 어렵고 긴 터널을 통과하고 나와 보니,

내가 나를 사랑하는 일이 얼마나 중요한지 깨닫게 됩니다.

이 책은 그런 책입니다.

나를 사랑하지 않으면 남을 사랑할 수 없고,

내가 행복하지 않으면 아무리 많은 부와 명예도

소용없다는 걸 알기에,

나 자신을 먼저 챙기고, 나 자신과 화해하고,

나 자신을 사랑하는 법을

배우는 그런 책 말입니다.

우리는 남들을 맞추기 위해 애쓰고,

남들 눈치를 보며 살아가지만,

정작 나 자신과 만나서 놀고 다독이고 위로하는 일에는 서툽니다.

이 책에 나온 테라피들은 하나하나 온전히

나 자신을 위한 것들입니다.

그 누구도 아닌 나 자신에 집중하면서,

내가 무엇을 좋아하고 싫어하는지,

어떤 생각을 하고 살아왔고 또 살아가고 싶은지……

알아가는 시간을 가져볼 거예요

너무나 바쁘고, 나보단 남을 돌봐야 하는 시간이 많은 오늘날

어쩌면 나와 놀아주는 시간은 가장 귀하고 소중한,

내 삶을 바꾸고 삶의 의미를 되새기는 시간이 될지도 모릅니다.

나는 이미 행복과 사랑으로 가득 찬 사람입니다.

우린 그 사실을 잠시 잊고 살았을 뿐이에요

이제 그 행복과 사랑을 찾아가는 여정을, 함께 가보려 합니다.

2021년 2월

작업실에서 조선화

차례

Part1

나에게 주고 싶은 선물
누구도 대신해줄 수 없는
가장 특별한 선물

Part 2

괜찮아, 잘했어, 사랑해

내 마음을 토닥여주는
21가지 나와 놀기 테라피

Part 2

Part 3

왜 그렇게 행복하냐고 묻는
사람들에게

Part 1

나에게 주고
싶은 선물

누구도 대신해줄 수 없는
가장 특별한 선물

지금껏 잘해왔어요.

조금은 힘들었죠?

살다 보면 가끔 지칠 때도 있답니다.

그럴 때마다 이 선물을 펼쳐보세요.

누구도 줄 수 없는 가장 특별한 선물,

나를 위한 선물입니다.

세상에서
가장 빛나는 나에게

가끔 아침에 눈을 뜨자마자 가슴이 터져버릴 듯한 느낌이 들 때가 있어요. 나의 미래, 내 안에 있는 사랑, 행복이 가득한 심장…… 아름답고 충만하고 귀한 나를 느끼기 때문이에요. 이런 것들은 내 안에 비밀처럼 꼭꼭 숨겨져 있지만 힘들 때마다 나를 지탱해 무너지려 할 때, 지치려 할 때 나를 붙드는 힘이 되어줍니다. 때때로 감당할 수 없는 일들이 일어난다고 여겨져도 절대 스스로 힘들어하지 않아요. 나는 소중하고 고귀한 존재니까요. 사람들은 이런 감정을 '자존감'이라 부르더군요. 자존감은 스스로 나를 사랑하는 힘이지만 사실 나를 사랑하는 일은 참 쉽지 않아요. 여러분은 어떤가요?

많은 사람들이 나를 밝고 잘 웃는 사람이라고 하지만 사실 나는 무척 여리고 내향적인 사람이랍니다. 아주 사소한 비난의 언어에도 심장이 벌렁거립니다. 그 말이 계속 머릿속에 머물 때는 온몸이 떨리고 머리가 어지럽기도 해요. 그러나 남들은 그런 나를 잘 몰라요. 사실 별로 관심도 없죠. 하지만 난 그런 내가 밉지 않아요. 나도 그런 상황에 적응할 정도의 나이가 되었으니까요.

'이런 내가 너무 싫어!' 하는 대신 '왜 그렇게 마음이 아프니?' '왜 화가 났니?' '왜 그렇게 상처를 받았니?' 이렇게 나 자신에게 물어봐요. 그러면 내 마음은 여러 가지 이야기를 해요. 그 이야기를 듣고 나면 '아…… 그랬구나. 그래서 마음이 아팠구나.' 하고 나를 위로해줄 수 있어요. 그렇게 나를 보듬어주고 나면 마음이 참 편안해져요. 상대방의 말로 인해 받은 상처보다 내 마음을 어루만지는 일에 더 관심이 집중되면서 나를 더욱 챙기게 돼요. 그리고 생각하죠.

'나는 참 빛나는 사람이구나.'

아무리 기다려도 그 시간은 오지 않아요.

가끔 그럴 때가 있죠. 온종일 이런저런 일을 하고 나면 하루가 어떻게 지나갔는지도 모르죠. 피곤한 몸을 소파에 누이고 멍하니 있다 보면 그제야 '한숨 돌리네.' 싶어요.

저도 아이들이 어릴 때는 참 정신이 없었어요. 엄마 노릇은 처음이라 뭐든 어려웠죠. 나름대로 최선을 다했지만 늘 부족한 것 같았어요. 어릴 때는 어려서 돌봐줘야 하고, 사춘기가 되니 아이들의 마음을 건드리면 안 되어서 조심해야 하고, 성장해서는 집착하고 구속하면 안 되니 나를 잘 다스려야 하죠. 모든 게 쉽지 않았고 힘든 순간은 결코 끝나는 게 아니었어요. '조금 있으면 좋아질 거야, 시간이 날 거야, 크면 다 괜찮아질 거야…….' 그렇게 생각했지만 그런 시간은 결코 오지 않았어요.

남을 돌보느라 나를 돌보지 않으면 우리는 빛을 잃어가요. 저도 그랬어요. 가족은 무척 소중하죠. 하지만 내가 많이 힘들다는 걸 그땐 잘 몰랐어요. 나는 그렇게 빛을 잃어갔지만 스스로 알지 못했어요. 우리의 삶에는 늘 새로운 사건이 끊임없이 생겼고 새로운 사람들이 등장했죠.

지금도 그 삶은 계속되고 있어요. 하지만 지금은 반짝거리며 빛나는 나를 느껴요. 어떻게 그럴 수 있냐구요? 바로 나와 놀기를 했기 때문이에요.

많은 사람이 하루 동안 여기저기 찢겨져서 집으로 돌아와요. 그러면 부정적인 생각을 하기 마련이에요. 자신이 얼마나 빛나는 사람인지 알지 못하고 스스로를 비난하고 미워하죠. 모든 생각이 타인에게 머물러 있기 때문에 나를 생각하지 못해요. 상처받은 마음을 달래는 대신 상처를 준 타인을 비난하며 눈물을 흘리죠. 그런데 그런 시간이 길어질수록 마음만 더 아플 뿐이잖아요.

나 역시 그런 시간이 길어지는 게 싫었어요. 그래서 바쁘고 복잡하고 힘든 시간들 속에 조그만 여유 시간을 내기 시작했어요. 나와 놀아주기를 시작한 거죠. 어떻게 하는 거냐구요? 무척 쉬워요. 아이

들과 함께할 때는 동화책으로 이야기 놀이를, 온전히 혼자 있는 시간
이 날 때는 또 그에 맞는 놀이들을 하는 거예요. 혼자만의 시간, 혼자
만의 마음이라는 공간 속에서 그냥 내가 하고 싶은 것들을 마음껏 하
는 거예요. 그림도 그리고, 청소도 하고, 사진첩을 꺼내 내 사진을 보
기도 하고 사진도 찍고 책을 읽으며 일기를 쓰기도 했어요.

나와 놀아주는 이 시간들. 나를 들여다보는 시간들을 갖다 보니
나를 좀 더 깊이 들여다보고 싶어졌어요. 나를 안아주고 나를 위로하
는 이 시간이 정말 좋았거든요. 또한 점점 내가 행복하다고 느끼면서
이 행복을 다른 사람들에게도 느끼게 해주고 싶었어요. 그래서 우리
마음에 대한 공부를 하기 시작했어요. 하나씩 하나씩, 공부를 해나가
다 보니 어느새 자격증이 100개나 생겼어요. 모두 심리 치료에 관련
된 것들이에요. 지금은 그 자격증으로 다른 사람과 함께 마음을 나누
는 일을 하고 있어요.

사실 세상에서 주는 자격증은 별로 중요하지 않아요. 행복은 내
안에서 나온다는 것, 내가 어떤 사람으로 살아가느냐로 결정된다는
걸 알게 됐거든요. 30년 동안 그렇게 나와 놀기를 해오다 보니 내가
살아온 인생이 훤히 보이면서 나를 더 잘 알게 됐어요. 또 이제는 생
생하게 느껴요. 내가 아직도 살아 있고 앞으로도 살아갈 거라는 증거
들을. 배우는 대로 아는 대로 살며 경험한 모든 게 가득 찬 나의 삶
을. 내 삶 자체가 바로 자격증이라는 사실을.

나 자격증

수고했다
토닥토닥

당신에게는 어떤 자격증이 있나요?
배우는 대로 아는 대로 살며
경험한 모든 게 가득 찬 나의 삶.
내 삶 자체가 바로 자격증입니다.

당신에게 행복이란
무엇인가요

행복은 무엇일까요? 돈이 많고 가진 게 많아서 더 바랄 것이 없는 그런 삶이 행복한 삶일까? 사랑하는 사람이 곁에 있는 게 행복한 삶일까? 원하는 걸 다 이루는 삶이 행복한 삶일까? 참 많이 생각했어요. 그런데 돈이 많아도, 사랑하는 사람과 결혼을 해도, 갖고 싶은 게 눈앞에 있어도 내 마음이 편안하지 않으면 행복하지 않더라고요. 마음이 늘 텅 빈 것처럼 그렇게 느껴질 때, 무얼 해도 괜찮지 않을 때, 그날이 그날 같을 때 난 참 힘들었어요. 당신은 어땠나요?

돌이켜 보면 어릴 때도 난 나와 놀기를 좋아했어요. 누가 나와 놀아주지 않아도 책을 보고 그림을 그리고 상상을 하며 혼자 놀기를 좋아했죠. 물론 친구들이나 가족과 함께 있을 때도 좋았어요. 그러나 혼자 있어도 외롭지 않고 마음이 꽉 찬 느낌이 들었죠. 종종 힘든 일도 있었어요. 그런데 결혼을 하고 나서 참 많은 게 변했어요. 남편은 정말 착한 사람이었고, 스물셋에 남편을 만나 스물넷에 결혼을 했는데 결혼이 뭔지 아무것도 몰랐던 거예요. 아무것도 모르는데 아이가 둘이나 생기고, 그렇게 삶 속에 덩그러니 놓였어요. 슬펐지만 남편과 이 상황을 이해하기 위해 노력했어요.

그 시간들을 버티면서 나는 나와 혼자 노는 시간들을 빼앗겨버리고 말았어요. 아니, 깡그리 잊어버리고 말았어요. 삶에 너무 치여서 아무 생각도 할 수가 없었어요. 이건 내가 원하는 삶이 아닌데, 혼자 힘으로 그 삶을 버텨내기가 버거웠어요. 자주 울었고 마음이 우울했어요. 마치 내 삶이 건전지가 다한 전구처럼 깜빡깜빡거리는 것만 같았어요. 이러다 언제 툭 하고 꺼져버려도 아무렇지 않을 것처럼 아슬아슬했어요. 그래요, 난 행복하지 않았어요.

가면을 벗어요.

행복이 뭘까. 그런 생각을 해야 하는데 하지 못하는 시간이 길어지면서 몸도 아프고 마음도 아팠어요. 차라리 눈을 꼭 감고 영원히 뜨지 않는다면 다 괜찮아질까, 그런 생각도 했어요. 이렇게 외롭고 힘든 것보다 죽음으로 모든 걸 끝내버리는 게 낫지 않을까 싶기도 했어요. 그전에 내가 어떤 사람이었는지, 얼마나 잘 웃는 사람이었는지, 어떤 생각들을 하던 사람이었는지 까마득하게 잊어버렸고, 사랑하는 두 아이의 울음소리도 들리지 않을 만큼 괴로웠어요.

그러던 어느 날 오전 9시. 눈을 떴을 때는 두 아이가 집이 떠나가 도록 울고 있었고 전날밤 수면제를 먹고 깊은 잠이 들었다는 걸 알았 어요. 아마도 죽고 싶은 마음이었나 봐요. 굶었을 아이들을 생각하니 우유를 먹여야 하는데 몸이 움직이질 않았어요. 죽고 싶다고 생각했 지만 막상 몸이 움직이지 않으니 이대로 정말 세상이 끝나버리면 어 쩌지, 하는 생각이 밀려와 두려웠어요. 아이들은 계속 울었고 남편은 밤을 새고 들어오지 않았는지 집안이 허전했어요. 난 있는 힘을 다해 몸을 끌어 아이들에게 우유를 먹였지만 한쪽 몸이 약 때문에 마비된 상태였어요. 아이들이 우유병을 문 것을 보고 맥없이 누웠는데, 마구 눈물이 솟아났어요. 그렇게 엉엉…… 한참을 울었어요. 눈물이 조금 멈출 때쯤 나에게 물었어요.

"선화야, 너에게 행복이 뭐니?"

3년 동안 까마득하게 잊고 살았던 단어, 행복. 드디어 난 나에게 그 질문을 던졌어요. 그리고 깨달았어요. 나와 마주하지 않고 살았던 지난 삶은 단 한 순간도 행복하지 않았다는 걸. 남편도, 아이도 내 행 복을 대신해줄 수 없다는 걸.

그날부터 난 아이들과 함께 종이접기, 동화 등 유아교육 분야와 관련해서 내가 할 수 있는 즐거운 놀이들을 하기 시작했어요. 아이들 이 옆에서 동화책을 보고 있을 때면 동화 속 인물들로 역할놀이를 하고, 종이접기와 감사일기를 통해 나를 만났어요. 그렇게 나를 돌보는 시간을 가지면서 내가 어떤 사람인지, 어떤 마음을 가지고 있는지를 회복하기 시작했어요. 나에게 행복이란 나를 알고, 나를 사랑하는 마음을 갖게 되는 것, 그래서 빛나는 나를 회복하고 그런 나로 살게 되는 삶이라는 걸 알게 됐어요.

나는 가면을 완전히 벗어던졌어요. 무조건 괜찮다고, 내가 남편과 아이들을 다 구해낼 수 있다고 더 이상 말하지 않았어요. 나와 놀면서 가장 크게 알게 된 건 바로 그거였어요. 내가 나를 인정해야 한다는 것. 누군가의 도움으로 행복해질 수 없고, 누군가의 도움을 통해 내 삶이 나아지는 게 아니라는 것을요.

창문을 활짝 여니 봄이 와 있었어요. 그동안 보지 못했던 색색의 꽃들이 보였고 파릇한 풀잎들이 보였어요. 봄바람과 함께 봄내음이 밀려왔어요. 나는, 살아 있었어요. 그리고 행복해지기 시작했어요. 나를 만났으니까요.

여기에 한번 적어봐요.

당신에게 **행복**이란 무엇인가요?

누구나
상처받을 수 있어요

어떤 사람들은 생각해요. 누구에게도 상처 주지 않고 누구에게도 상처받지 않는 사람이 건강한 사람이라고요. 난 그렇게 생각하지 않아요. 우리는 누구나 불완전하고 실수투성이에요. 하지만 화단에 핀 많은 꽃들 중 건드리기만 해도 뭉개지는 작고 여린 꽃도, 가시가 두둑두둑 붙은 꽃대를 가진 꽃도, 화려하지만 향기가 좋지 않은 꽃도, 모두 꽃인 걸요. 저마다의 아름다움을 가진 꽃이요.

우린 모두 각각 다른 색깔과 향기를 가진 꽃이에요. 하지만 완벽하진 않죠. 그래서 우린 살아가며 누구에게나 잘못할 수 있고 또 누구로부터 상처를 받을 수 있어요. 그러나 그 모든 상황에 다 흔들리지 않아도 괜찮아요. 상처를 받을 수 없다고 생각하면 매 순간이 아픔투성이지만 그런 날도 있다고 생각하면 다 지나 보낼 수 있죠. 지금 상처 때문에 아픈가요? 곧 지나갈 거예요. 금방 괜찮아질 거예요. 모든 것은 다 지나갈 거예요.

감정을 해결하는 게 중요해요.

이 책은 내가 나와 놀아주기 위한 다양한 방법들을 담고 있어요. 왜 나와 놀아줘야 하냐고요? 나의 감정을 돌봐주어야 하기 때문이에요. 앞에서 말했듯, 이 세상은 나와 많이 다른 사람들과 함께 살아가야 하고, 많은 일들이 뜻대로 되지 않을 때가 있어요. 그건 내가 잘 몰라서 그럴 수도 있고 조금 서툴러서 그럴 수도 있고 생각한 것과 달라서 그럴 수도 있어요. 어쨌든 그럴 땐 참 힘들잖아요. 모든 것을 해결할 수는 없어요. 그러나 내 감정을 알아차리고 다양한 방법으로 그것을 나열하는 것만으로도 많은 도움이 돼요.

외로워. 힘들어. 짜증나. 우울해.
답답해. 불안해. 두려워.

우리에겐 이보다 더 많은 복잡한 감정들이 들 때가 있어요. 수많은 상황들에 상처를 받으면 이런 감정들이 마구 올라와요. 마음공부를 많이 한 사람이나 성인군자라고 해서 가시에 찔려도 아프지 않은 건 아니잖아요. 오랫동안 나와 놀기를 해왔고 날마다 눈을 뜨면 오늘 일어날 행복한 일들에 가슴 떨리는 나도 상처를 받거나 힘든 일이 있을 땐 축 처지고 우울해지기도 해요. 어릴 적 충격적인 사건이 있었던 그때 동굴 안으로 들어갔던 기억이 마구 떠오르기도 하죠.

그런데 우리가 행복해지기 위해 가장 먼저 해야 할 일은 바로 이러한 감정들을 해결하는 거예요. 화가 났는데 이 화를 남편이 해결해 줄 거라고 생각하면 안 돼요. 나의 답답하고 외로운 이 감정을 누군가를 통해 해소할 수 있을 거라고 생각하면 안 돼요. 맞아요. 나의 감정은 바로 내가 해결해야만 해요. 남편의 바가지를 박박 긁어도, 동네 아줌마들과 모여서 몇 시간이고 수다를 떨어도, 그건 그때뿐이에요. 언젠가 부메랑이 되어 돌아오는 감정들을 느끼게 되죠. 그래서 내가 나의 감정을 해결해야 해요. 나를 똑바로 보고 내 감정을 보고 인정하는 거죠.

"아, 너 힘들구나."

힘든 나를 위해 무엇을 하면 좋을까요? 나를 행복하게 해주기 위한 많은 걸 해볼 수 있어요. 나는 종종 힘든 감정을 쭉 리스트로 적고 하나씩 들여다보기도 해요. 미워하는 사람이 있으면 할 수 있는 만큼 욕을 써보기도 해요. 지금 내 마음을 그리고 색을 칠해보기도 해요. 이 모든 게 내 마음을 돌보는 테라피에요. 돈도 들지 않고, 어렵지도 않아요. 그런데 이 단순한 놀이가 나를 너무 행복하게 해요. 상처받은 내 마음에 반창고가 되어줘요. 어느새 힘든 내 마음이 보송보송 살아나는 걸 느껴요.

"내가 나를 꼭 안아주는 것보다
중요한 일은 없어"

내 마음의 색깔은
무엇일까요

《아티스트 웨이》라는 책에 보면 인간은 원래 모두가 예술가라는 말이 나와요. 원래부터 우리는 어린아이같이 순수하고, 모든 걸 해낼 수 있는 창의적이고 본질적인 존재라는 거죠. 신은 우리를 모두 똑같이 만들어주었어요. 사람들이 자꾸 나를 틀에 넣으려고 하지만 실은 나는 나인 거죠. 100개가 넘는 자격증을 따고 박사증을 따보니 모든 학문이 다 자기가 옳다고 말하는 것이더라고요. 물론 그 모든 게 다 맞을 거예요. 그렇다고 내가 틀리다는 건 아니죠. 나는 나일 뿐이니까요.

세상에 딱 맞는, 가장 완벽한 틀은 존재하지 않아요. 정답이 필요하다면 내 마음에 귀를 기울이는 게 가장 지혜로워요. 그러면 내 마음이 이야기를 해줘요. 항상 내 마음은 정답을 가지고 있거든요. 우리의 의식이 10%이고 무의식이 90%라는 말을 하죠. 그런데 나도 알지 못하는 이 90%는 신의 영역이라고 말해요. 그러면 나라는 존재는 얼마나

무궁무진한 존재인가요? 나도 당신도 또 다른 우리 모두가 그렇다고요. 그러니 조금만 더 기다려주고 조금만 더 믿어주면 뭐든 해낼 수 있어요. 속도의 차이는 조금 있을 수 있지만 언젠가는 해내고 만다고요. 그러니 지금 내가 좀 더디더라도 기다려주면 어때요?

원래부터 나는 창의적인 존재라면 무엇이든 할 수 있죠. 하지만 우리는 어느 순간부터 틀 속에 갇혀버리고 말아요. 그래서 종종 강의를 할 때 하얀 도화지를 나누어주며 "아무거나 그려보세요."라고 말하면 다들 눈을 깜빡이며 나를 쳐다봐요. "아무거나?" "아무거나 무얼 그려야 하죠?" "진짜 아무거나 그리나요?" "그래도 어떤 기준이 ……." "동그라미, 네모 그려요?" "볼펜만 있고 연필이 없는데, 실패하면 어쩌죠?"

종이 한 장이잖아요. 한 장 버리면 어때요. 잘못되면 어때요. 그 종이 한 장을 우리 마음대로 하지 못할 만큼 우린 그렇게 큰 틀을 만들어 왔는지도 몰라요. 그냥 마음대로 할 수 있는 삶을 살아오지 못했기 때문이에요. 하지만 이 놀이를 계속하다 보면 나중엔 사람들이 정말 멋진 작품을 그려내요.

틀이 있었을 때보다 훨씬 새롭고 신비로운 것들을 그리죠. 기준이 있을 때는 정해진 것만을 그리지만 그러지 않았을 때는 진정한 예술 작품이 나오게 되는 거예요. 어디서도 본 적 없는 자기만의 색깔을 담은 위대한 작품이요.

당신 마음은 이렇게 생겼군요!

아름다운 그림을 보며 나는 이야기해요. "당신 마음은 이렇게 생겼군요!" "당신의 마음은 이런 색깔이에요." "당신 안에는 이런 게 있군요!" 그러면 그림을 그린 사람은 처음에 당황했던 걸 싹 잊고는 언제 그랬냐는 듯 활짝 어린아이 같은 웃음을 지어요. 그리고 다시 하얀 종이 위에 새로운 그림을, 이번에는 더욱 활기차게 그리기 시작하죠. 그 순간 그는 행복을 느껴요. 내가 그랬던 것처럼 말이에요. 큰 돈, 많은 것들을 가져야지만 행복한 게 아니에요. 내 마음을 끄집어내고 그걸 들여다보는 순간, 내 마음의 색깔을 바라보고 그 향기를 느끼는 순간, 우리는 행복해져요.

혹시 돈이 많이 필요한가요? 그렇다면 돈만 있는 괜찮은 사람이 되는 게 아니라 돈도 많은 괜찮은 사람이 되어보세요. 나는 그랬어요. 나와 놀아주면서 내 마음을 들여다보니 '오! 내 마음이 이렇게 고급스럽고 멋진 색깔이었다니!' 하는 게 보이더라고요. 그리고 나와 놀아주면서 내 마음이 빵빵해지고, 사랑으로 채워지고, 에너지로 충만해지는 걸 느꼈어요. 그때 나는 생각했어요.

이 행복을 계속 유지하기 위해서 이런 행복을 잘 관리하기 위해서 돈을 벌어야겠다고 말이에요. 그리고 나는 돈을 충분히 벌 수 있는 사람이라는 확신이 들었어요. 내 마음이 이토록 고급스럽고 멋지다는 걸 알게 됐으니까요.

지금 어렵다면, 아프다면, 위기라면. 그것이 곧 당신에게 행복을 가져다줄 거라는 걸 믿으세요. 위기는 기적이 되고 행복이 된답니다. 평범한 사람도 위대해질 수 있어요. 바닥에 있던 사람이 수면 위로 올라왔을 때 그것을 보고 우리는 위대함이라고 부르죠. 나도 그랬어요. 죽음이라는 순간 앞에서 온몸이 마비되어 움직일 수 없었을 때 느꼈어요. 나의 몸이 정말 소중하고, 내 마음이 가장 중요하고, 그래서 나를 귀하게 다루어야 한다는 걸요. 그런 위기가 있었기에 지금 이 순간이 얼마나 귀하고 행복한지 더욱 절실하게 느낄 수가 있게 된 거예요.

나는 이제 내 마음을 들여다보는 방법을 알게 됐고, 내 마음의 색깔을 똑바로 볼 수 있게 되었어요. 더 이상 이게 맞나, 저게 맞나, 헷갈리지 않아요.

어려움이 문을 두드리나요? 그러면 이렇게 말해 보세요.

"오! 행운을 맞이할 시간이 찾아왔구나! 위대해질 준비를 해야겠네."

나는 이제 많은 사람들이 행복해지는 방법을 알려주는 사람이 되었어요. 내가 가치로운 사람이라는 걸 알게 되자 돈을 불러들이는 사람이 되었고, 위기가 곧 행운의 시그널이라는 걸 알게 되자 두 번 다시는 위기에 속지 않게 되었죠.

자, 위대해질 준비가 되었나요? 진짜 행복해질 준비가 되었나요?

그렇다면 다음 장을 넘겨볼까요?

우리의 마음은

모두 다른 색깔을 가지고 있어요

그 색깔은 제각각

고유의 아름다움을 지니고 있죠

우리에게 나와 놀기가
꼭 필요한 이유

우리에게는 살면서 꼭 해결해야 할 한 가지 숙제가 있어요. 그게 뭘까요? 바로 '진짜 나와 만나는 것'이에요. 그래서 우리는 성장의 욕구가 있어요. 끊임없이 모르는 것을 배우고 깨달으면서 희열을 느껴요. 성장하고 성숙해가는 과정을 통해 진짜 나를 만날 수 있으리란 걸 영적으로 알기 때문이죠. 맞아요, 인간은 육신으로만 되어 있지 않아요. 우린 영적인 존재로 태어났어요.

그런데 참 많은 것들이 이 만남(나와의 만남)을 방해해요. 힘든 현실과 많은 인간관계가 있기 때문이죠. 특히 타인은 그렇죠. 나와 다르기 때문에 자꾸 나에게 많은 감정이 들게 만들어요. 그래서 우리는 대부분 상처받고 분노하다 다 똑같은 사람이 되어버리고 말아요. 고인 물처럼 상처받은 그곳에 가만히 있다 썩고 병들어버리고 말아요. 누구나 그곳에 머물지 않을 수 있는 무한한 힘을 갖고 있는데, 그 힘을 보지 않아요. 지금 알고 있고 지금 가진 것들이 전부인 양 거기에

멈춰서서 갈등해요. 자신이 얼마나 큰 사람인지 보지 못해요. 그저 가진 것만이라도 잃지 않으려는 모양새로 바들바들 떨어요. 그러면 성장할 수 없어요. 결코 진짜 나를 만나지 못해요.

10만 원짜리 수표가 있어요. 누군가 이걸 구겨서 떨어뜨렸어요. 더러운 걸 마구 묻혔어요. 그렇다고 이게 수표가 아닌 걸까요. 더럽고 구겨졌어도 이건 수표죠. 본질은 변하지 않아요. 지금 잠시 구겨졌거나 누군가로 인해 더러운 게 묻었을 수 있지만 그래도 여전히 10만 원짜리 수표죠. 당신은 어떻게 생각하나요?

당신은 당신과 어떻게 놀고 있나요?

나와 놀기를 하면 성장이 일어나요. 구김을 펴고 오물을 털어내고 빳빳하고 쌩쌩한 나를 만들어요. 가치 있고 소중한 나로 회복할 수 있어요. 화장실에서나 쓰일 것 같았던 꼬깃한 지폐는 다시 그 가치를 보이기 시작해요. 무엇이든 살 수 있고 또 모아둘 수도 있는 선명한 내가 보여요.

"너를 지켜라. 너는 나의 본질을 갖고 태어났으니 끝까지 너를 지키는 것이 곧 힘을 얻는 것이다."

신은 우리에게 바로 이렇게 말했어요. 나를 지키라고요. 그리고 나를 지키는 방법은 단 하나, 바로 내면의 나를 계속 만나는 거예요. 그런데 가만히 앉아 벽만 보며 나를 만나는 일은 너무 지루하잖아요.

그리고 때때로 공허해요. 그래서 노는 거예요. 즐거움과 놀고, 슬픔과도 놀고, 아픔과도 놀고, 분노와도 놀아요. 재밌는 걸 실컷 해요. 그렇게 자존감을 확 올려주고 난 후에 맨 밑바닥에 있는 내 마음을 보아요. 그러면 별거 아니었던 마음, 쓸데없었던 마음들이 보여요. 그걸 훌훌 털어요. 그리고 말해요.

"잘했어. 하지만 더는 속지 않아."

우리는 매일 성장해야 해요. 성장하지 않으면 마이너스가 작동해요. 마이너스가 작동한다는 건 어떤 의미일까요? 맞아요, 플러스의 반대말이에요. 마이너스가 작동할 때 우리는 남의 영역을 침범하고 함께 불행을 도모하게 되죠. 내 안에 있는 행복을 발견하지 못하면, 행복한 타인을 보며 질투하게 돼요. 왜 나만 불행한지 자꾸 우울해져요. 그래서 우리는 태어나서 죽을 때까지 계속 성장하면서 나를 발견해야 해요. 나를 충분히 보고 내 안에 있는 행복의 샘을 발견한 후에 타인과 이것을 나누어야 해요. 그러면 전에는 함께 우울했는데 이젠 두 배로 함께 기뻐지죠.

마이너스 성장이라는 말은 참 무서운 말이에요. 인간은 태어난 이상 무조건 성장해야 하는데, 마이너스로 성장하는 사람들이 있어요. 긍정이 아닌 부정에 중독된 사람들이에요. 그들은 점점 우울해지고 불안해지고 힘들어져요. 심하면 중독, 집착, 우울, 비난, 분노 등등으로 자신을 파괴하게 되지요. 부정성에 초점을 맞추면 계속 그리로 성장하는 거예요. 그걸 마이너스 성장이라고 해요.

때때로 성장을 안 하고 있는 사람도 있죠. 그런 사람들은 스스로를 '무기력하다'고 말해요. 무기력해지지 않으려면 무언가 열심히 해야 한다는 뜻이냐고요? 아니요, 내 마음을 들여다보라는 거예요. 나와 놀라는 거예요. 나에게 관심을 갖고 충분히 나를 들여다보라는 거예요. 성장이란 열심히 해서 자격증을 따고 승진을 하라는 게 아니에요. 그냥 나와 노는 거예요. 아이가 울면 어떻게 하나요? 젖도 먹이고, 잠도 재우고, 노래도 불러주죠. 그래도 울면 아기가 방긋 웃을 수 있도록 함께 놀아주잖아요.

책도 읽어주고 흔들어주기도 하고 그림도 그려주고 장난감으로 대화를 신청하기도 해요. 그렇게 나 자신과 놀아준다는 거예요. 이 책에서 나는 그렇게 나와 놀아줄 수 있는 다양하고 재미있는 방법들을 많이 소개할 거예요. 나와 놀기를 하다 보면 깨달음이 오고 즐거운 기분이 들고 나를 사랑하는 마음이 샘솟게 돼요. 나를 보는 것, 진짜 나를 더욱 자주 많이 만나는 것, 그것이 바로 성장이에요. 나를 알아가는 기쁨, 마음속에서 송글송글 솟는 그 행복이 어찌나 달콤한지 느껴보지 않은 사람은 알 수가 없어요. 우리는 모두 무한한 가능성을 가지고 태어났어요. 자신을 알고 그대로 인정하고 받아줘야 깊은 내면의 무한한 가능성을 발견하고 성장시킬 수 있어요. 우리는 각자 다 다르고 창의적이에요.

점점 많은 타인이 점점 복잡한 세상을 만들어가요. 하지만 나와 놀기를 알게 되면 복잡한 세상 속에서 편안하고 안정적인 나를 느낄 수 있게 돼요. 어려움이 와도 절대 흔들리지 않을 거예요. 나를 안아 주는 방법, 나를 울지 않게 하는 방법을 알게 되었으니까요. 나는 나로 인해 충만해지고 그런 내가 타인까지 행복으로 감싸안는 기적 같은 행운이 펼쳐질 거예요.

당신은 이제 행복해질 거예요. 그럴 자격이 있어요.

나를 믿어도 좋아요.

나와 놀기를 하다 보면
깨달음이 오고
즐거운 기분이 들고
나를 사랑하는 마음이
샘솟게 되죠.

Part 2

괜찮아,
잘했어, 사랑해

내 마음을 토닥여주는
21가지 나와 놀기 테라피

수고했어요, 멋져요.
어떻게 그렇게 힘든 일들을 다 해냈나요?
자세히 보니
당신 꽤 괜찮은 사람이네요.
당신, 멋져요.
그런 당신을 사랑해요.

과거를 보듬고
행복한 미래를 그려보는

'이야기' 테라피

우리의 인생은 이야기로 되어 있어요. 태어날 때부터 이야기를 시작해서 이야기로 끝이 나요. 옛날 옛적에 누가누가 살았고, 어떻게 어떻게 살다가 어떻게 죽었더래요, 하는 이야기요. 그래서 내 삶을 지배하는 이야기를 살펴보는 건 정말 중요해요. 우리는 대부분 나를 지배하는 그 이야기를 벗어나기 위해 풍부한 이야기를 만들어내거든요.

자, 첫 번째 선물은 바로 '이야기 테라피'예요. 이야기 테라피는 내 인생의 뼈대를 세우는 놀이에요. 내 삶의 이야기를 그려보는 건 누가 대신해줄 수 없어요. 그래서 재밌고 그래서 지루하지 않아요. 방법은 여러 가지가 있지만 쉽게 한번 시작해보기로 해요. 먼저, 이야기 테라피를 하기 전에 꼭 기억해둬야 할 게 있어요. 일종의 규칙 같은 거예요. 아래의 3가지 규칙을 머릿속에 넣고 출발하기로 해요.

이야기 테라피의 세 가지 규칙

1) 우리의 인생은 다 이야기다. 우린 주인공이 되기도 하고 가해자나 피해자가 되기도 한다.
2) 우리 인생에 일어난 모든 상처는 이야기의 일부일 뿐이다. 그것을 문제라고 보지 않는다.
3) 다른 사람의 삶이 아닌 오직 내 이야기에서만 찾아낸 일로 이야기를 그린다. 남의 이야기, 조언은 듣지 않는다.

자, 다음은 그래프를 한번 그려볼 거예요. 별로 어렵지 않아요. 내가 한 걸 보여줄까요?

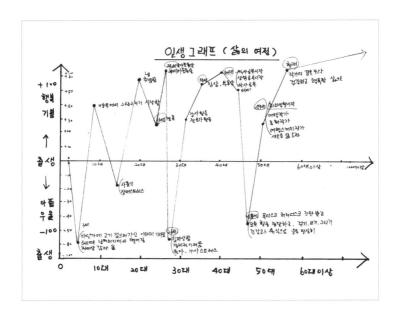

그래프를 잘 보면 가운데 [현재]의 선 위에 적은 이야기가 있고, 아래쪽에 적은 이야기가 있어요. 그리고 10대부터 100대까지가 보이죠? 바로 나이를 가리키는 표시에요.

선 위쪽으로 적은 것들은 내가 행복했던 순간이에요. 선 아래쪽에 적은 이야기는 내가 불행했던 순간이죠. 이렇게 나잇대별로 나에게 어떤 일이 일어났는지 한번 적어보는 거예요. 충분히 그때의 기억을 떠올려보면서 한번 적으면 된답니다.

자, 다 그린 후에는 앞에서부터 차례대로 번호를 매겨볼 수 있어요. ①번부터 마지막 번호까지 쭉 매겨보는 거예요. 그런 다음 ①번부터 하나씩 살펴보는 거예요. 예를 들어 나는, '⑤ 심리치료로 박사

공부를 잘 마쳤다.'라는 게 있어요. 이때 무척 행복했어요.

번호를 매겼다면 여기에 아래와 같은 질문을 하고 답을 써보는 거예요.

⑤ 심리치료로 박사 공부를 잘 마쳤다

질문: 왜 행복했나?

답: 누구의 도움도 없이 나 혼자 힘으로 공부해서 박사 공부를 잘 끝냈다. 바쁘고 공부도 어려웠지만 성취감이 높았고, 나 자신에게 선물을 주는 기분이 들어서 행복했다. 난 원하는 것을 이루고 꿈을 이룬 사람이다.

그리고 이어서 이런 질문도 해보아요.

질문: 이 행복을 유지하려면 어떻게 해야 할까?

답: 내가 또 성취하고 싶은 게 뭔지 찾아보고, 거기에 대한 계획을 세운다. 그리고 힘들어도 꾸준히 해나간다. 그 끝에는 놀라운 열매가 있을 거고, 나는 해낼 수 있다는 걸 믿기 때문에 절대 포기하지 않는다. 포기하지 않으면 행복을 얻을 수 있다. 난 세상에 빛이 되는 존재이다. 난 소중하고 귀한 존재이다.

불행했던 경험을 가지고 한번 해볼까요?

⑦ 00세 때 갑자기 살이 10킬로그램이나 쪘다.

질문: 왜 불행했나?

답: 사람들이 나를 잘 못 알아보기도 하고, 예쁜 옷을 입을 수 없어서 슬펐다.

질문: 그 불행을 어떻게 극복했나?

답: 몇 번이나 다이어트를 시도했지만 실패했다. 그런데 아침에 일찍 일어나 1시간씩 산책을 했는데 그걸 꾸준히 하니까 금방 살이 빠졌다. 먹지 않는 것보다 아침에 산책을 하는 게 훨씬 나의 건강에 도움이 된다는 걸 알게 됐다.

질문: 앞으로 같은 불행이 닥치지 않게 하려면 어떻게 해야 할까?

답: 아침에 꼭 시간을 내어 산책을 한다. 그러면 기분도 좋고 살도 찌지 않는다. 난 건강하고 행복한 사람이다. 나는 매일 매일 내 몸을 잘 돌본다.

의식 또는 무의식 가운데 자신의 이야기를 하는 건 심적인 불안감을 해소해줄 만큼 그 자체로 큰 힘을 가진답니다. 그래서 예부터 많은 심리학자들이 이야기 치유를 해왔어요. 최면 상태에서 자발적으로 자신에게 일어난 일들을 이야기함으로써 병이 나았다는 연구결과도 있죠. 또 우울증 환자들은 자신이 왜 우울한 상태에 있는지 그 내용에 직면하는 것으로 치료를 시작하기도 해요. 구체적으로 그 내용이 무엇인지 파고 들어가보면 그것이 나에게만 해당하는 것이 아닌 매우 보편적인 상황이란 걸 알게 되는 경우가 많아요.

예를 들어, 아버지와의 관계 때문에 심각한 우울증을 앓고 있다고 해요. 나를 힘들게 하는 아버지 자체에만 관심을 집중시킨다면 우울증의 근본 원인을 파악하기는 힘들어요. 오히려 아버지와의 일에 대해 적극적으로 상상해보는 게 도움이 돼요. 왜 힘든지, 감정이 무엇인지, 그런 것들을 직면해보면 이야기의 내용이 상당히 객관적으로 보이기 시작해요. 크기도 처음에 느꼈던 것보다 훨씬 작게 느껴질 때가 많아요. 누구에게나 적용될 수 있는 보편적인 내용이 될 수도 있다는 걸 알게 되면 고통의 강도가 약해지죠.

'나의 이야기 테라피'는 그렇게 내 삶을 이야기로 그려보는 놀이에요. 삶의 순간순간들에 겪었던 좋은 일과 나쁜 일을 직면해봐요. 그 감정들도 고스란히 느껴봐요. 왜 행복했는지, 왜 불행했는지를 적어보지만 그게 잘했다, 잘못했다가 아니라는 사실을 잊으면 안 돼요. 설령 상처가 되었을 수 있지만 그 상처는 문제가 될 수 없어요. 삶의 긴긴 이야기의 일부분일 뿐이니까요.

위의 질문에 모두 답했다면 이제 마지막 단계가 남았어요. 바로 '상상하기'에요. 행복을 유지하고, 불행을 극복한 나의 이야기를 한

번 들여다봐요. 그런 다음 가장 행복한 나의 미래를 마구 상상해보는 거예요. 여기다 한번 적어보아도 좋아요. 내가 먼저 해볼까요?

행복한 미래 상상하기

1) 미국에서 열리는 둘째 아들의 콘서트에 초대받아 특별석에 앉아 공연을 본다.

2) 각종 건강대회에서 우승을 차지하고 나이가 들어서도 건강을 뽐낸다.

3) 1년에 한 권씩 책을 출간하고 베스트셀러 작가가 되어 강연이 쉴 새 없이 들어온다.

4) 가족과 함께 1년에 한 번씩 여행을 다닌다.

5) 1만 명의 사람들에게 '나와 놀기'에 대한 강연을 한다.

자, 이제부터 당신도 한번 해볼까요? 하다 보면 놀라운 사실을 알게 될 거예요. 바로 상처를 받았던 불행의 순간이 미래를 여는 보물창고라는 사실이에요. 나의 이야기 테라피를 하다 보면 상처는 상처가 아니라 신비한 이야기, 조금은 불안한 이야기였을 뿐이라는 걸 알게 돼요. 그리고 내 안에 그걸 극복할 수 있는 방법과 힘이 충분히 있다는 것도 알게 돼요. 어떻게든 이겨냈기에 지금의 내가 있잖아요.

나는 또 다시 이겨낼 수 있고, 더 나은 방법을 선택할 수 있어요.

혹 잘못된 삶의 패턴을 발견할 수도 있어요. 그렇다면 이제 그 패턴을 바꿔볼 수 있어요. 그래프 속에 같은 불행이 반복되는 게 혹시 보이나요? 그렇다면 그게 당신을 우울하게 만드는 삶의 패턴일 수 있어요. 우린 그걸 더 이상 하지 않기로 선택할 수 있어요. 어린 시절, 나를 그렇게 만든 생각들이 있어요. '착하고 싶었던 나' '괜찮고 싶었던 나' '멋있고 싶었던 나' '인정받고 싶었던 나' 그런 내가 만들어낸 패턴들일 수 있어요. 그걸 찾아내고 과감하게 던져버려요. 그리고 내가 어떻게 행복해질 수 있었는지, 불행을 어떻게 극복했는지 그 이야기를 잘 바라보는 거예요. 괜찮아요. 나도 그랬고 많은 사람이 그래요. 당신도 괜찮아요. 우린 더 아름다운 미래를 맞이할 수 있어요.

앞에 그린 그래프를 보면서 질문을 하고 답을 하며 혼자 놀아볼까요? '나의 이야기 테라피'는 내 소중한 삶을 깊이 들여다보게 만들어줘요. 이 첫 번째 선물을 지나고 나면 당신에게 많은 변화가 일어나고 있을 거예요.

100세 이상
90세
80세
70세

· 오늘걸 다 이루요라   69세
· 죽어영혼 나모다 ...회   65세   늙었다 ㅠㅠ
· 함께 좋우은 삶으로   60세
· 나누는 삶. 건강한 삶   59세
55세
· 작가의 꿈을 두다   53세 (현재)
· 아들들독립. 해방   52세
· 운동시작. 걷기.그리기.쓰기   50세   갱년기 시작 ㅠ
· 박사수요. 이사   49세 → 디스크 진단 받고
· 여행스케치. 그림시작   요통일 그만듬
· 여행작가. 사진작가   45세   · 아프고 슬프고 앙악함
· 박사시작 기쁨. 여행.
· 상담공부 시작 기쁨   40세
· 서사공부 시작 기쁨   39세 → 두 아들이 사춘기라힘듬
· 자격증 100개   엄마로서, 아내로서. 딸로서
                    감사로서, 다양한 역할로서
· 전문가공부 앙.우울?   35세   공부하느라 힘듬.
· 사서 기쁨   30세 → 육아. 일. 가사일 힘듬
· 새동의 대상받아기쁨   28세 → 연년생 두 아들 키우기힘듬
· 방송주우미세교대상받음   26세   불면증. 우울증으로 하듬
· 작은아들 탄생으로 기쁨   25세 → 육아때움이 힘듬 집따산
· 큰아들 출생으로 기쁨   24세 → 빨리 결혼해서 아쉬움
· 대기업취업 해서 기쁨   19세

· 동생낳기   10세 → 사춘기가 심함
· 나리놀기 그리기.읽기   혼자 놀기
  쓰기
            6세 · 엄마를 잃어버림

· 태의 낳서 기쁨   3세 · 바닷가 낭떠러지에떨에
(+)   (+)   (-3) (-6)   (-19)
  기뻤던 일   0세   슬펐던 일
(+) 행복했던 일   출생   힘들었던 일 (−)

직접 해보기

인생 그래프(삶의 여정)

1) 선 위쪽에 나잇대별로 '내가 가장 행복했던 순간'을 적어본다.
2) 선 아래쪽에 나잇대별로 '내가 가장 불행했던 순간'을 적어본다.

행복의 크기만큼 위로 많이, 슬펐던 마음만큼 아래쪽으로 많이 그려도 괜찮아요.

행복했던 순간

번호 :

질문 : 왜 행복했나?

답 :

질문 : 이 행복을 유지하려면 어떻게 해야 할까?

답 :

불행했던 순간

번호 :

질문 : 왜 불행했나?

답 :

질문 : 그 불행을 어떻게 극복했나?

답 :

질문 : 앞으로 같은 불행이 닥치지 않게 하려면 어떻게 해야 할까?

답 :

5) 행복을 유지하고, 불행을 극복한 나의 이야기를 들여다보았다면, 이제 행복한 나의 미래를 상상해보기로 해요. 여기다 한번 적어보세요.

행복한 미래 상상하기
1)
2)
3)
4)
5)

지금 이 순간
나를 사랑해주세요.
미루지 마세요.
완벽한 내가 아니어도 괜찮아요.
있는 그대로
나는 소중합니다.

어린 시절의 나와
만나게 해주는

'사진' 테라피1

"나였던 그 아이는 어디 있을까.
아직 있을까? 아니면 사라졌을까?"

_파블로 네루다《질문의 책》중에서

노벨문학상을 수상한 칠레의 시인 파블로 네루다(Pablo Neruda)의
유고 시집《질문의 책》속에 나오는 이 구절을 혹시 아시나요? 짧지만
참 인상적인 내용이에요. 이 구절은 어른이 된 사람들에게 유년 시절
을 회상하게 하며, 빠르게 흘러온 삶과 세상 속에서 나를 돌아보게 만
들어요.

이번에 해볼 놀이는 두 번째 사진 테라피로, 내면 아이 테라피도
할 수 있어요. 어린 시절에 상처를 받은 내면 아이의 가장 핵심적인

문제는 버림받음, 학대, 거절당함에 대한 거예요. 어릴 때 상처를 많이 받은 아이, 우리는 그 아이를 상처받은 내면 아이라고 해요. 이 개념은 고대 신화와 동화에 그 뿌리를 두고 있어요. 부모에게 버림을 받은 헨젤과 그레텔, 새엄마에게 많은 학대를 당한 신데렐라와 그녀를 괴롭혔던 의붓 자매 이야기, 우리가 잘 아는 콩쥐팥쥐 이야기, 미운 오리새끼 등에 나오는 주인공들은 모두 상처받은 내면 아이들이죠.

우리가 어린아이일 때는 발달 단계에 따라 그에 맞는 욕구들이 자연스럽게 충족되어야 해요. 하지만 이런저런 이유들로 그 욕구가 충족되지 못하면 아이는 자신이 알고 있는 여러 방법들로 그 욕구를 채우기 위해 매달리고 떼를 써요. 가끔 마트에 드러누워 몇 시간이고 우는 아이가 있고, 스스로 상처를 내는 아이도 있고, 방에 들어가 이불을 뒤집어쓰고 절대 나오지 않는 아이도 있어요. 이런 욕구가 해결되지 않고 굶주린 채로 성장을 하면 미성숙한 어른이 됩니다. 이런 모습이 우리의 일생을 지배하고 특히 노년기에는 그 모습이 적나라하게 드러나게 되죠. 겉모습은 어른이 되었는데 우리 안에는 상처받은 내면 아이가 그대로 있어요.

이미 지나간 시간은 되돌릴 수 없지만, 우리는 상처받은 내면 아이를 치유할 수 있어요. 가장 큰 상처를 받았던 자신의 발달 단계로 돌아가 '미해결된 과제'를 끝내는 거예요. 상처를 아픈 채로 계속 가지고 가는 게 아니라, 그때로 돌아가 안아주고 보듬어주는 거죠. 각각의 발달 단계에는 특별한 돌봄들이 필요한데, 각 단계에 나타나는 욕구가 다르기 때문이에요. 이번 테라피는 나의 내면 아이를 치유해주고 위로해주는 시간이에요. 나의 채워지지 않은 욕구가 무엇인지 내면의 소리에 귀를 귀울여보는 거예요. 나를 돌보는 방법을 배우고 나를 진심으로 대하고 사랑할 수 있게 되는 거예요. 말만 들어도 행복하지 않나요?

방법은 어렵지 않아요. 내가 한 것을 함께 볼까요?

자, 먼저 어린 시절의 사진 한 장을 꺼내 봐요. 핸드폰을 열어보아도 좋고, 오래된 사진 한 장이 있다면 그걸 직접 꺼내서 봐도 좋아요. 사진이 없다면 어린 시절의 모습을 상상해도 돼요. 여기, 내 사진을 한번 볼까요?

이 사진을 보면서 사진 속의 내가 어떻게 보이는지, 또 어떤 감정이 느껴지는지 한번 적어보는 거예요.

어떻게 보이고, 어떤 감정이 드는가?

엄마를 기다리는 모습이 심심해 보인다.

이제, 사진 속의 어린 나에게 말을 건네봐요.

엄마가 바빠서 힘들었지?

혼자 맨날 엄마 기다리느라 외로웠겠다.

동생들 챙기느라 그때 너 참 고생했어.

아마 이렇게 말을 걸다 보면 사진 속 내가 좀 다르게 보이기 시작할 거예요. 어쩐지 친근한 동생 같기도 하고, 또 다정한 친구 같기도 해요. 내 어릴 적 모습이지만 좀 낯설기도 한 것 같구요. 이제 사진 속 나에게 궁금한 걸 한번 물어볼까요? 질문을 던진 후에는 답을 적어보도록 해요.

질문: 10살인 너는 뭘 가장 좋아하니?

답: 새 인형을 살 때 기분이 좋았어.

질문: 가장 무서운 건 뭐였어?

답: 엄마가 늦게 집에 올 때.

질문: 무슨 놀이를 할 때 젤 재밌었어?

답: 그림을 그리고 놀 때가 가장 재밌었어.

여기까지 했다면 이제 여러 가지 새로운 감정들이 일어났을 거예요. 또 일어나지 않을 수도 있어요. 그러나 괜찮아요. 나와 노는 것 자체만으로도 나에 대한 발견이 일어난 거죠. 그 느낌을 솔직하게 한번 적어보는 거예요. 편지를 쓰듯이 적어도 좋고, 일기를 쓰듯이 적어도 좋아요. 자유롭게 그 느낌을 한번 적어봐요, 이렇게.

느낌 적기 🎨

난 그때 엄마를 참 좋아했다. 엄마를 기다리는 때가 참 많았다. 심심하고 지루했지만 멀리서 엄마가 보일 때면…… 그 느낌 참 좋았지. 얼마나 반가운지. 새 인형을 사기가 참 쉽지 않았다. 인형을 갖고 싶었는데 못 가져서 친구들을 많이 부러워했었구나. 가끔 많이 속상했겠다.

자, 이제 당신도 사진 테라피를 한번 해볼까요? 사진이 없다면 떠오르는 어린 시절을 상상해도 돼요. 몇 살로 돌아가 볼까요? 먼저 사진을 찾고 위에서 내가 한 것처럼 해봐요.

직접 해보기 🎨

1) 어린 시절의 사진 한 장을 찾아보거나 내 어린 시절 모습을 떠올려본다.

2) 사진을 보며 느끼는 감정에 대해 적어본다.

내가 어떻게 보이는가? 어떤 감정이 드는가?

3) 사진 속 나에게 말을 걸어본다.

4) 사진 속 나에게 질문을 하고 답을 해본다.

질문 :

답 :

질문 :

답 :

질문 :

답 :

5) 나에 대해 새로 발견한 감정이나 사실들을 적어본다.

느낌 적기

나는 세상의 빛과 소금만큼이나
중요한 존재입니다.

내 안의 빛이
세상을 환하게 비춥니다.

내면 아이를 만나고
보듬어주는

‘사진’ 테라피 2

사진치료는 자신의 이미지가 들어 있거나 자신이 모은 사진이나 가족 앨범을 통해 방어벽을 낮추는 테라피에요. 자신을 개방하고 적극적으로 표현하며 자신을 직면하도록 하는 치료방식이죠. 셀카를 찍는 사람은 건강한 사람이에요. 자신의 얼굴을 보며 셔터를 누르는 순간 이미 치유는 시작되었다고 볼 수 있어요. 카메라 렌즈를 통해 자신을 만나고, 타인과 소통하며 세상과 만나는 모든 순간이 치료가 될 수 있어요.

스마트폰을 모두 사용하는 지금은, 다른 테라피보다 훨씬 가볍게 접근할 수 있다는 점에서 재미있고 유익한 나와 놀기가 될 수 있어요. 실제로 심리 치료에서는 사진을 통해 투사적으로 활용하는 방법이 효과가 높다고 알려져 있어요. 그리고 이미 찍어놓은 사진을 보면서 그 순간을 짚어보는 것도 나를 알아가는 데 도움이 된답니다. 이 테라피를 할 때는 신분증 속의 나를 들여다보게 해요. 우리는 매일 옷을 갈아입고 화장을 하고 청소를 하지만 가장 가까운 나를 잘 안 봐주잖아요. 신분증 속에 있는 나를 오랫동안 본 적이 있나요? 사진 속 나를 보고 느끼고 놀아주세요. 이렇게 만나는 나는 어떤가요?

테라피 방법

1. 주민등록증을 꺼내 사진을 보세요.

2. 언제, 어디서, 찍혔나요?
   예) 10년 전에 사진관에서 찍었다. 취업을 위해서

3. 마음에 드나요, 들지 않나요? 이유를 3가지 적어보세요.
   예) 어느 부분이 마음에 드나요? – 어리게 나왔다.
   예) 어느 부분이 마음에 안 드나요? – 늙어 보인다.

4. 이 사진은 누가 찍어주었나요?
   예) 사진관에서 사진사가 찍었다.

5. 주민등록증 사진을 찍을 당시의 에피소드, 이때 나에게 가장 큰 이슈가 있다면 무엇이었나요?
   예) 취업원서를 쓰기 위해서 찍었다. 취업이 참 쉽지 않아 많이 힘들었다.

6. 아주 조금이라도 나에 대해서 새롭게 발견한 게 있나요?

　예) 취업이 안 되어 고민이 많았는데 용기를 내서 열심히 했던 것 같다.

7. 나에게 해주고 싶은 말이 있다면 무엇인가요?

　예) 잘했어, 용기내서 고맙다.

8. 지금부터 셀카를 찍을 거예요.

　가장 예쁜 표정과 기쁘고 성공한 모습을 상상하면서 찍어보세요.
　'그리고 예쁘다고 칭찬해주고 아름답다고 감탄해주세요.
　오늘의 나는 가장 젊고 행복하고 건강한 모습이에요.
　세상에서 가장 예쁘고 귀하고 소중한 나의 모습입니다.
　많이 놀아주고 봐주고 사랑해주세요.

정신적 육체적으로
완전한 존재인 나.
그런 나는 이제부터
상상할 수 없는 새로운 삶을
살아가게 될 것입니다!

기적처럼 부를
불러오는

'정리' 테라피

이 테라피를 시작한 건 20년 전이에요. 참 오래됐죠? 2000년에 캐런 킹스턴(Karen Kingston)이 쓴《아무것도 못 버리는 사람》이라는 책을 읽고 난 후 많은 생각을 하게 됐어요. 요즘 〈신박한 정리〉라는 프로그램도 있지만, 정리를 하면 부자가 되고 원하는 걸 이룰 수 있다는 내용이, 당시 내 마음을 두드렸어요.

집에 보면 1년에 한 번 건드리지도 않는 많은 잡동사니들이 놓여 있죠? 이런 것들을 정리하면 행복, 건강, 돈, 인간관계가 해결이 된다고 말해요. 풍수지리에 의해 복이 들어온다고 말이죠. 처음엔 긴가민가했지만, 책에 있는 내용대로 실천하자 놀랍게도 저자가 이야기한 것들이 제 삶에 기적처럼 일어나기 시작했어요. 사실, 저보다 훨씬 긍정적인 성과를 거둔 사례들이 SNS를 통해 나와 있어요. 그래서

이번에는 우리 함께 정리 테라피를 한번 해보기로 해요.

　우리 집에 있는 잡동사니들은 세균을 일으키고 그 세균이 공기에
떠돌아다니면서 사람을 무기력하고 우울하게 만든다는 과학적 근거
가 있어요. "잡동사니를 정리하면 복이 들어온다"고 말하는 건 무척
허무맹랑한 이야기 같지만 실은 매우 설득력 있는 이야기죠. 우린 집
에서 오랜 시간을 보내는데 우리가 호흡할 때마다 세균이 가득한 공
기를 들이켜면, 몸에서 면역의 중요한 부분을 담당하는 장도 나빠질
뿐더러 뇌에도 영향을 미쳐 우울감을 유발하거든요.
　그 책을 읽을 당시 저는 아무것도 못 버리는 사람이었어요. 우리
집안을 둘러보니 버리지 못한 물건들이 얼마나 많은지 알게 됐어요.
갑자기 쓰레기와 세균이 득실거리는 곳에 살고 있다고 생각하니 정

리를 하지 않으면 잠이 올 것 같지 않더라고요. 호기심 많은 나는 '정리가 내게 어떤 기적을 일으킬까?' 궁금하고, 또 정리를 하다 보면 그것이 좋은 습관으로 자리 잡을 것 같아서 바로 시작했어요.

보통 정리 기간과 방식은 각자 다르지만 6개월에서 3년 정도로 길게 기간을 잡아요. 저는 정리하는 데 1년~3년 정도가 걸렸어요. 그래서 이 책을 읽는 당신도 한 번에 모든 걸 정리하겠다는 생각은 잠시 접고, 집안의 한 부분씩 정리를 해나가면서 내가 그동안 어떤 생활 습관, 소비 습관, 생각 습관을 가졌는지 잘 살펴보도록 해요. 나역시 금방 끝날 것 같았던 정리가 몇 달에 걸쳐 이뤄졌어요. 매일 버리고 몇 달을 버려도 몇 박스씩 계속 나오는 걸 보면서 정말 놀랐죠. 그러면서 쓸데없는 것들을 사지 않아야겠다는 다짐도 하게 됐고, 건강도 더욱 생각하게 됐어요. 생각도 심플해졌고요.

나처럼 버리는 게 아까워 모든 걸 쌓아놓고 사는 사람들이 많을 거예요. 나중에 사용할 수 있을지도 모른다는 생각에 쌓아두는 거지요. 그러나 정작 찾을 때는 어디 있는지 몰라서 사용해본 적이 없고, 장소만 차지하고 있어서 실은 우리를 더욱 불편하게 해요. 1년 동안 열심히 잡동사니, 몸, 장, 머릿속, 마음, 인간관계, 책, 컴퓨터, 사진 등을 정리했어요. 그러자 거짓말처럼 효과가 나타나기 시작했어요. 실제로 '부'에 있어서도 엄청난 변화가 일어났고, 집도 없고 빚에 쪼들리고 있었는데 정리를 하는 동안 집도 생기고 빚도 갚을 수 있게 되었지요. 관계를 통한 놀라운 일들도 많이 일어나기 시작했어요. 정리를 시작하면서 낭비적인 소비 습관도 바꿀 수 있었고, 집과 주변을 정리하니 나에게 집중할 시간이 늘어 효율적으로 일할 수 있었어요. 덕분에 그전보다 훨씬 풍족한 삶을 살 수 있게 되었죠. 그리고 집을 정리하는 것처럼 관계를 정리하고, 정의하면서 내게 꼭 필요한 사람들과의 시간을 더욱 알차게 보낼 수 있게 되었어요.

이후엔 한 번씩 마음이 답답하거나 생각 정리가 필요할 때면 집을 전체적으로 정리해봐요. 정리할 땐 몸이 고단하지만 끝내고 나면 몸이 아주 가벼워지고 좋아져요. 머리도 맑아져요.

정리 테라피는 일생 동안 나와 해야 하는 놀이이지만, 한 번 정리가 끝나고 나면 우리가 각 장소에 어떤 물건을 둘 것인지 좀 더 신중해져요. 만약 '부'에 해당하는 장소가 엉망으로 어질러져 있다면 경제적인 문제가 생길 수 있으니까요.

자, 정리 테라피는 어렵지 않아요. 아래 순서대로 시간을 갖고 천천히 해보세요!

테라피 방법

1. 정리를 할 방의 순서를 정한다.
   (예) 안방 → 화장실1 → 거실 → 작은방1 → 작은방2 → 부엌 →
   　　 화장실2

2. 정리할 물건의 카테고리를 정한다.
   (예) 완전히 버릴 것(비움) / 버리기 아까운 것(욕구) / 남에게 줄 것(나눔)

3. 물건들을 분류한 후 일주일간 지켜본다.
   (생각이 바뀔 수도 있기 때문에)

4. 일주일 후 최종적으로 결정한 방향대로 물건을 처리한다.
   (버리고, 놔두고, 남에게 주고)

5. 컴퓨터를 열고 바탕화면에 있는 불필요한 파일들을 정리한다.
   (버릴 것 / 보관할 것)으로 나누고 버릴 것은 완전히 삭제하고 보관할
   것은 파일명을 일목요연하게 바꾸어서 보관한다. 자주 사용하는 것
   은 따로 폴더를 만들어 정리해도 좋다.

6. 지금 당장 할 정리는? 내 가방, 내 책상, 내 생각을 정리해본다.
   다 할 수 없을 때는 이 중에서 하나만 골라서 해도 됩니다. 나머지
   는 시간이 날 때 다 해보면 되니까요.

정돈된 환경이
편안한 마음을 줍니다.
편안한 마음이
삶을 풍요롭게 해줍니다.
내가 원하는 것이 원하는 때에
모두 이루어진다는 것을
믿습니다.

나의 현재와 미래상,
스트레스 상태를 알려주는

'그림' 테라피

우리가 평소에 의식할 수 없는 '무의식'이라는 세계는 생각보다 훨씬 넓은 영역을 차지하고 있답니다. 실제로 아이들의 경우 미술 심리 치료를 통해서 트라우마나 무의식 치료를 하기도 하는데요. 무의식은 의식 아래 숨겨져 있다기보다 '무의식'이라는 넓고 싶은 마음의 영역이 별도로 존재한다는 걸 아는 게 중요해요. 무의식 세계에서 나온 그림을 통해 심리적 해석도 할 수 있는 거죠.

그래서 그림을 보고 무조건 '문제가 있네?' '이상이 있네?'라고 생각하는 건 매우 위험해요. 그림은 우리의 무의식에 있는 나도 몰랐던 나를 보여주기 때문이에요. 우리가 이번에 해볼 그림 테라피는 그림의 결과보다는 과정에 더 중점을 두고 있어요. 즉 우리가 이 행위를 하는 과정을 통해 자유로움, 해방감을 느끼고 나와 노는 행복감을 느낄 수 있어요. 물론, 그림이 그려진 것을 보면서 '내가 이런 생각을 갖고 있었구나.' 하는 걸 해석해봄으로써 나의 내면세계를 이해할 수도 있어요.

나는 이 테라피를 하면서 많은 사람들이 자신에 대해 알아가는 걸 보았어요. 평소 말하고 생각하는 것만으로는 몰랐던 나를 알게 되는 거죠. '나 힘들었구나. 이러니 힘들었을 수밖에.' '내가 이렇게 창의적인 생각을 하는 사람이었구나.' 등등. 상대방이 "너 되게 힘들구나. 힘들어서 그랬구나." 하고 나도 몰랐던 내 마음을 알아줄 때 위로가 되잖아요. 그걸 나 스스로 할 수 있게 해주는 게 바로 그림 테라피예요. 내가 나의 대상관계가 되어주는 거예요.

자, 우리는 이번 장에서 두 가지 주제로 그림을 그려볼 거예요.

10분~20분 정도 충분히 시간을 잡고 자유롭게 주제에 대한 그림을 그려보세요.

그런 다음 그림과 관련된 설명을 보면서 나의 무의식 속에 가지고 있던 생각들을 살펴보기로 해요. 그리고 해석이 모두 정답일 수는 없어요. 중요한 건 그림을 그리는 과정을 통해 나를 좀 더 들여다보는 시간을 가진다는 거예요. 나를 발견했다면 충분히 위로하고 다독여주고 또 칭찬해주세요.

나무 그리기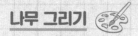

❶ 빈 도화지 위에 지금 떠오르는 대로 나무를 그려본다.

❷ 색깔을 칠하지 않아도 좋다. 자유롭게 마음껏 그려본다.

질문하기

자신의 그림을 보며 다음 질문에 대한 답을 써보세요.

1. 나무의 나이는 몇 살인가요?

2. 나무의 건강 상태는 어떤가요?

3. 지금 나무의 기분은 어떨까요?

4. 나무는 어떤 성격으로 느껴지나요?

5. 나무는 앞으로 어떻게 될까요?

6. 나무의 종은 무엇인가요?

7. 나무는 어떻게 하면 행복할까요?

비 오는 날 그리기

❶ 비가 내리고 있어요. 빗속에 있는 사람을 그려주세요.

❷ 자신이 그리고 싶은 대로 마음껏 그리면 됩니다.

그림 그려보기

질문하기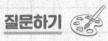

자신의 그림을 보며 다음 질문에 대한 답을 써보세요.

1. 이 사람은 무엇을 하고 있나요?

2. 이 사람은 몇 살인가요?

3. 이 사람의 현재 기분은 어떻게 느껴지나요?

4. 이 사람의 현재 겪고 있는 스트레스가 있나요?

5. 어떻게 하면 이 사람은 안전하고 행복할까요?

6. 이 사람에게 필요한 것은 무엇일까요?

7. 지금 바로(당장) 할 수 있는 것은 무엇일까요?

그림 속 의미 살펴보기

나무: 자화상

나무 그림은 '나'의 현재와 미래상에 대해서 보여줍니다.
질문에 답한 내용을 바탕으로 아래 내용을 체크해보세요.

---

1) 나무의 나이? 내면의 성숙도

---

2) 나무의 건강 상태? 내 내면의 상태, 건강도

---

3) 나무의 지금 기분? 내 마음의 느낌

---

4) 나무의 성격? 내 자아상

---

5) 나무는 앞으로 어떻게 될 것인가? 나의 미래, 내가 하고 싶은 것

---

6) 나무의 종은 무엇인가?
- 상록수: 자신을 활력이 넘치는 존재로 보며 그와 같은 행동을
  하고 싶다는 소망
- 낙엽수: 자신이 외부의 힘에 의해 영향을 받고 있다는 감정
- 버드나무나 아래로 처진 나무: 내향적, 우울감
- 고목: 열등감, 무력감, 우울, 죄책감
- 그루터기: 부모에 대한 심리적 외상과 관련됨

7) 나무의 위치를 보며 점검해보기.

　－아래쪽: 과거나 무의식적 경험

　－중앙: 현재나 의식적 경험

　－위쪽: 미래나 상징성

　－왼쪽: 모친, 여성성, 과거의 기억, 수동성

　－오른쪽: 부친, 남성성, 미래, 적극성

　(종이의 좌우 영역은 나에게 영향을 주는 힘을 뜻한다.)

비 오는 날 : 스트레스 점검

비 오는 날 그림은 스트레스 정도와 대체 능력을 파악하고 있어요.
질문에 답한 내용을 바탕으로 그림을 보면서 나의 내면을 점검해
보세요.

1) 스트레스 상징

　－일반적으로 비, 구름, 웅덩이, 번개는 스트레스를 상징한다.

2) 스트레스 대처자원

　－우산, 비옷, 보호물, 장화, 얼굴 표정, 인물의 크기, 인물의 위치
　등은 대처자원으로 보고 있다.

막혀 있던 모든 것이 유쾌하게,
통쾌하게, 명쾌하게
모두 확 뚫립니다.

유연한 실타래처럼 술술
모두 다 풀립니다.
콸콸콸 행복이 쏟아집니다.

마음의 상처와 분노를
사라지게 하는

'욕' 테라피

심리 상담을 하다 보면 스트레스를 제때 다스리지 못해서 분노에 가득 찬 경우를 볼 때가 있어요. 우린 누구나 화가 나는 상황에 맞닥뜨릴 때가 있죠. 아무리 성격이 좋은 사람이라 하더라도 화가 날 때 스스로 다스리기란 참 쉽지 않아요. 종종 '괜찮아. 아무것도 아니야.' 하고 참기만 하다가 폭발하는 경우도 보게 됩니다. 이렇게 나쁜 감정들을 쌓아두는 건 정말 좋지 않아요.

내 감정은 내가 다스리고 내가 해결해나가야 해요. 안 그러면 엉뚱하게도 가까운 주변 사람들이나 가족에게 그 감정을 쏟아낼 수 있거든요. 행복해지기 위해선 온전한 나를 만나야 하는데 내 몸과 마음에 열등감, 상처, 분노, 죄책감, 수치심 같은 찌꺼기와 걸림돌이 있으면 진짜 나를 발견하기가 어려워요. 그런데 우리가 모든 사람과 잘

지내거나 모든 일이 순탄하게만 풀리긴 힘들잖아요. 때론 별 것 아닌데에도 큰 상처를 받기도 하고, 그것이 분노가 되고 미움이 되기도 해요.

이것을 뱉어내지 못하면 무의식 속에 저장이 되어 나도 모르는 분노가 표출되죠. 괜히 우울하고, 화가 나고, 불안감이 들기도 해요. 이럴 땐 내 속상함, 나의 상처를 반드시 꺼내서 봐줘야 해요. 욕 테라피는 그런 분노들을 다스리는 테라피랍니다. 노트에다 속상하고 상처받은 마음을 털어내는 방법이에요. 실제로 놀이치료, 미술치료를 하는 아이들은 관계에서 상처가 꽉 차서 도저히 통제가 안 되는 상태에서 치료를 받으러 옵니다. 그래서 그 독을 모두 빼내려면 3개월~6개월까지 걸리기도 해요. 그러고 나면 아이들은 현실을 보고 정상적인 생활을 할 수 있게 되죠. 어른들은 상황에 따라 1년 이상 걸리기도 해요.

저는 신혼 때 남편 때문에 힘들어서 욕 노트를 만들었어요. 사랑하는 마음이 있지만 가까운 관계일수록 힘들게 할 때가 많잖아요. 그럴 때 힘든 감정을 다 쏟아내고 난 후 반드시 축복을 했어요. 그렇게 몇 달을 하고 나니 신기하게도 남편이 밉지 않고 '그럴 만한 이유가 있겠지.' 하고 이해가 되기 시작하더라고요.

내 감정의 찌꺼기가 해결되지 않으면 소중한 사람들에게 상처를 주게 되고 그게 결국 나에게로 되돌아오는 경험을 하게 됩니다. 그렇게 후회하는 삶은 정말 상상만 해도 끔찍하죠. 그래서 욕 테라피로 감정을 해결하다 보니 관계도 좋아지고, 오해도 안 생기고, 이해심도 높아지면서 마음이 맑아졌어요. 감정을 다 털어내니 내 마음이 개운해진 거죠. 지금 생각하니 내 감정을 가족에게 쏟지 않고 스스로 해결한 게 얼마나 감사한지 몰라요. 만약 내가 가족들에게 다 쏟아부었다면 내게 더 큰 상처로 돌아왔을 테니까요. 어쩌면 나와 놀기를 한 건 나를 구하고 가족도 구한 거나 마찬가지예요.

또 욕 테라피를 하면서 나에 대해 알게 된 것이 있어요. 난 내가 아주 올바르고 고상한 사람인 줄만 알았어요. 열심히 살고 특별히 나쁜 일을 한 적도 없고요. 그런데 욕 테라피를 하면서 내 안에 미움, 분노, 거짓말, 상처, 여림, 욕심, 교만 등 엄청난 게 있다는 걸 알게 됐어요. 행동이나 말로 옮기지만 않았을 뿐 속으로는 온갖 나쁜 생각들로 가득 차 있었던 것이죠. 항상 그랬던 건 아니겠지만 무의식 속에 있었다는 사실만으로도 놀라웠어요. 나 역시 모두와 같이 불완전한 존재라는 사실을 알고 나니 오히려 마음이 편해지더라고요. 나를 알고 인정하는 건 정말 중요해요.

욕 테라피를 하면서 저는 진짜 자신을 발견한 것 같아요. 인간적인 나를 발견한 거죠. 어릴 적부터 쌓아온 상처도 보게 됐고, 살아오면서 쌓은 상처들을 남편이나 가족의 잘못으로 돌리는 모습도 발견하게 됐어요. 그리고 다짐했죠. '이제 내 상처는 내가 해결하자. 그리고 남의 상처는 내가 해결할 수 없다. 나는 그저 옆에 있어 주고 바라

봐주는 존재이다.' 이렇게 나에게 좀 더 솔직해지면 훨씬 행복에 가까이 갈 수 있어요. 가식을 버리고 내 안의 찌꺼기들을 들여다본 다음 그것을 쏟아붓는 거예요. 욕 테라피를 하는 동안 나와 놀며 나를 위로해주면, 원래의 나로 돌아올 수 있답니다. 한번 해볼까요

테라피 방법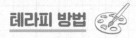

1. 마음에 드는 예쁜 노트를 준비한다.

2. 속상한 일, 욕하고 싶은 일, 화나는 감정을 다 적어라.

감정이 풀어질 때까지 써라. 너무 화가 나거나 참을 수 없는 분노가
오고가는 감정들, 우울한 모든 감정을 털어놓는다. 죄책감 가질 필
요 없이 그저 마음을 나열한다. 다 써본다. 고상한 척할 필요도 없
다. (다음 표를 활용해도 좋다.)

3. 마지막에 반드시 모든 것에 축복의 기도를 적어라.

단 한 줄이라도 좋다.(그분의 뜻대로 하소서. 이 사람과 나를 축복하소서.)

4. 상처와 분노에 가득 차 있던 나를 토닥여주고 위로해준다.

(잘했어. 괜찮아. 이제 괜찮을 거야.)

직접 해보기

1. 속상한 일, 욕하고 싶은 일, 화나는 감정을 적으세요.

_____

_____

_____

_____

_____

_____

_____

2. 마지막에 반드시 모든 것에 축복의 기도를 적으세요.

_____

_____

3. 상처와 분노에 가득 차 있던 나를 토닥여주고 위로해주세요.

_____

_____

_____

_____

나는 유머감각을
현명하게 사용합니다.
많이 웃으세요.
유머를 사랑하세요.
나는 즐겁습니다.
나는 기쁩니다.

나와 잘 맞는 색깔을
찾아보는

'컬러' 테라피

태초에 세상은 빛으로 시작해 모든 생명이 생겼죠. 빛은 컬러랍니다. 컬러에는 에너지가 있어요. 우리가 빨강을 보며 따듯하다고 느끼고, 파랑을 보며 시원하다고 느끼는 것처럼 말이에요. 이런 에너지는 우리 삶과 생활에 많은 영향을 주지요.

여러 컬러를 보고 사용하고 또 색이 들어간 음식을 먹고 옷을 입으면서 우리는 건강한 몸과 마음을 만들어가요. 그런데 이 컬러가 우리 마음에도 영향을 줄 수 있다는 걸 아나요?

우리 마음이 힘들 때 내가 좋아하는 컬러들을 이용해 마음을 위로할 수도 있답니다. 컬러 테라피는 이렇게 여러 가지 컬러를 통해 나와 놀아주는 테라피에요. 컬러는 매우 다양하기 때문에 어떤 색을 쓰든 틀리고 맞는 건 없어요. 그저 내 기분이 좋아진다면 그걸로 충분해요. 우리는 이제부터 다양한 컬러로 마음껏 색칠을 해볼 거예요. 색을 다 채웠다면 내 마음과 기분에 이름을 붙여주는 것도 좋아요. 내용도 한번 적어볼 수 있고요. 그러면 내 상태를 바로 알아차릴 수도 있답니다.

마음이 힘들면 색이 보이지 않아요. 하지만 내 마음에 여유가 생기면 색이 보이기 시작해요. 원하는 색을 입고 소지품을 갖고 음식을 먹으면 기분 전환뿐 아니라 몸도 즐거워한답니다. 어떤 색이든 나를 행복하게 해주고 기분 좋게 해준다면 그것은 당신의 행운의 색깔이에요. 컬러가 주는 부, 컬러가 주는 힐링, 컬러가 주는 모든 변화를 느껴보세요.

컬러 만다라 테라피는 여러 색깔로 원을 칠하는 놀이에요. 컬러는 나도 모르는 나를 발견해주고, 현재의 나를 위로해주기도 해요. 나는 연두색, 푸른색, 연보라색, 오페라색(꽃분홍)을 좋아해요. 당신은 어떤 색을 좋아하나요? 가끔 마음이 우울할 때나 마음이 복잡할 때는 내가 좋아하는 색으로 색칠도 하고, 소망을 넣어 글씨도 써요. 그러면 기분이 좋아지고 어쩐지 일이 잘 풀릴 것 같아서 행복해져요. 이렇게 컬러와 놀다가 재능이 발견되면 그림을 그려도 돼요.

당신도 이제 행복을 칠해볼까요?

테라피 방법 🎨

1. 잔잔한 음악을 튼다.

2. 원 만다라에 원하는 컬러로 색칠한다. 색연필, 파스텔, 사인펜 등 다양한 재료를 사용한다.(색칠하는 방법과 순서는 상관없다.)

3. 다 칠한 다음 나만의 만다라 그림에 제목을 붙여본다.

4. 만다라를 그리고 가장 많이 떠오른 생각과 감정, 장면 그리고 느낌을 적어본다. 또는 색깔의 의미도 적어본다.

5. 느낀 점, 알아차린 점, 발견한 점을 적어본다.

예시)

해보기)

제목:무지개 보석

색깔의 의미: 안에 금색은 나의 본질, 보물 보석이다. 내면은 빛이다

무지개: 좋은 딸. 좋은 엄마. 좋은 아내. 좋은 샘. 좋은 이웃 등등 모든 역할을 열심히 한 나에게 무지개 보석을 선물로 주고싶다. '수고했어', '고생했어!, '토닥토닥'

느낀 점: 고생하고 애쓴 나를 보는 거 같아서 좋다. 기분좋다. 내 안에 이렇게 아름다운 다양한 보석이 있었구나.

직접 해보기

만다라에 색깔을 칠해보세요.

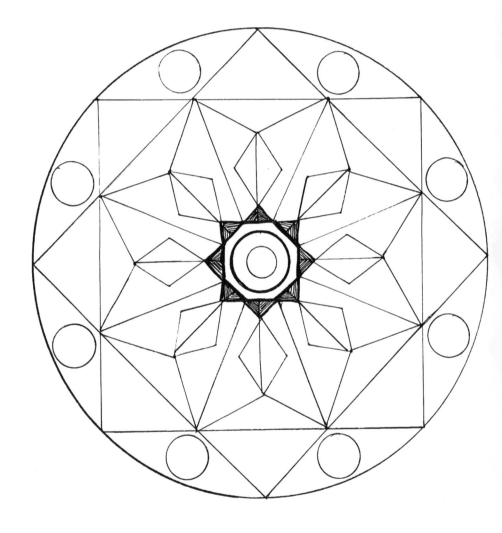

컬러표 보기

컬러로 알아보는 나의 심리

색깔	설명
마젠타	신비롭고 매력적인 사람. 원하는 일과 꿈을 이루기 위해 포기하지 않고 앞으로 나아가는 에너지를 가진 사람. 신뢰, 의리, 센스가 있는 사람.
보라	창의적이고 특별하며 상상력이 풍부한 사람. 섬세하고 감수성이 풍부하며 틀을 벗어나 자유로움을 추구한다. 예술성이 있고 변화를 즐기는 사람.
남색	논리적이고 객관적이고 완벽함을 추구하는 사람. 지적이며 전문성을 가지며 어려운 상황도 끈기와 인내로 이겨낸다. 신뢰를 중요시 여기는 사람.
파랑	경험을 통해 하나씩 성실하게 삶을 만들어나가는 사람. 평화와 조화를 중요시한다. 내향적이며 자신만의 세계에서 밖을 보는, 통찰력이 뛰어난 사람.
초록	의무감과 책임감이 강하며 누구든 사이좋게 지내고 싶어 하는 사람. 양보하고 도우며 공존할 수 있는 환경을 추구한다. 관계를 중요시 여기는 사람.
노랑	매일 새롭고 신선함을 추구하는 사람. 스마트하고, 미래 지향적이며, 지식을 깊이 탐구하기를 즐기는 사람. 매일 아침 새로운 아이디어를 떠올리는 사람
주황	행복과 즐거움을 주는 사람. 즐거운 것을 계획하여 실행하고 지키는 사람. 천진난만하고 자유분방한 기질을 지닌 사람. 밝고 명랑한 기질을 지닌다.
빨강	생명력이 넘치고 에너지와 열정을 지닌 사람. 정열적으로 삶을 살아가며 행동을 중시하는 활동적인 사람. 꿈과 희망이 넘치며 실패를 두려워하지 않는다.
브라운	고급스럽고 안정적이며 친숙한 사람. 견고하고 안정적이며 확고부동한 성질을 지닌다. 부드럽고 멋진 느낌의 사람.
블랙	권위를 지니며 신중한 성향을 지닌 사람. 카리스마가 넘친다. 리더십과 추진력이 있고 독립적이다. 자기주장이 뚜렷한 사람.
화이트	숭고, 순수, 정갈함을 지닌 사람. 순수하고 영적이며 책임감이 강하고 섬세하다. 모범적이고 긍정적이며 소박한 모습을 가진 깨끗한 영혼의 소유자.

나는 지금 이대로 아주 멋진 사람!
어디에서나 돋보이는 특별한 사람!
누구도 흉내낼 수 없는
나만의 색깔을 지닌
아름답고 빛나는 사람!

오감을 활짝 열어주는

'푸드' 테라피

몸은 우리를 속이지 못합니다. 그러나 생각과 마음은 우리를 속일 수 있어요. 가끔 생각하고 결심한 것을 몸이 따라가지 못하는 경우가 있죠. 그래서 우리는 몸의 메시지를 느껴야 하고, 내 몸과 만나야 합니다. 미각, 촉각, 청각, 후각, 시각을 통해 들어오는 모든 것을 온몸으로 느껴보는 거예요. 이는 곧 태초의 욕구를 채우는 행위에요. 현대인들은 평소에는 너무 바빠서 몸의 느낌을 제대로 느껴보지 못할 때가 많아요. 푸드 테라피는 그런 우리 몸의 오감을 활짝 열어주는 그런 테라피에요.

푸드. 음식은 생명이며 에너지에요. 나는 사람들과 함께 푸드 테라피를 하면서, 어린아이처럼 순수하게 오감을 통해 다양한 몸의 반응을 느끼는 모습을 많이 보았어요. 나 역시 20년 전 몸이 심하게 아프던 어느 날, 푸드 테라피를 통해 눈, 코, 입, 귀, 피부를 통해 느껴지는 모든 감각들을 통해 몸의 메시지를 들었어요. 그제야 비로소 내 몸을 돌보고, 내 몸에 귀를 기울이고, 내 몸을 사랑할 수 있게 되었죠.

보통 우리가 공간적으로 현재의 위치에서 뒤로 물러가거나 시간적으로 현재보다 앞선 시기인 과거로 돌아가는 것을 '퇴행'이라고 해요. 나이가 어릴수록 생각의 왜곡 없이 순수 상태로 모든 걸 있는 그대로 받아들이잖아요. 그러나 우리는 나이가 들면서 점점 그 즉각적인 반응들에 생각을 입히고 포장을 하게 돼요. 푸드 테라피는 음식을 매개체로 한 테라피인데, 먹는 것이라서 몸으로 바로 느낄 수 있고, 안전한 퇴행을 경험할 수 있다는 장점이 있어요.

또한 놀랍게도 푸드 테라피를 한 많은 사람들이 매우 편안함을 느낀다는 거예요. 특히 많이 바쁘고, 일상 속에서 자신을 잘 바라보지 못하는 사람들에게는 푸드 테라피가 무척 효과적이에요. 푸드 테라피는 다양한 식재료를 사용해 하나의 작품을 만들어내는 과정을 포함하는데, 모든 과정에서 작품은 실패는 없고 배움과 성장만 있어요. 완성된 작품을 보면서 나의 긍정적인 의도를 발견하고, 성장해나가는 데 의미가 있죠.

일상에서 매일 접하는 음식으로 나의 다양한 삶을 표현하고 오감의 즐거움을 느끼는 푸드 테라피. 한번 해볼까요?

테라피 방법

1. 내가 좋아하는 음식(여러 가지 색 과일, 야채, 과자, 견과류 등)을 준비하세요.

2. 예쁜 접시나 색상지를 준비하세요.

3. 행복한 순간을 떠올리며 접시에 여러 가지 음식을 꾸며서 작품을 만들어 보세요.

4. 제목을 쓰고 작품 및 색의 의미를 설명하거나 적어주세요.

5. 작품을 감상하고 자신의 긍정 에너지를 발견하고 음식을 섭취하면 됩니다.

6. 나에 대해서 새롭게 발견한 게 무엇인가요? 느낌은 어떤가요?

예시)

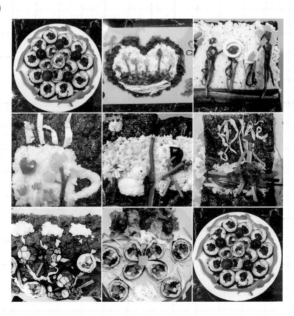

균형잡힌 건강하고
행복한 몸의 비결은
내 안의 지혜에 있습니다.

면역력을 높이고
자연치유가 가능하게 만드는 지혜,
그것은 바로
긍정적인 생각입니다.

지금 바로 고민을
정리해주는

'멘탈코칭' 테라피

코로나 바이러스는 세상을 많이 변화시켰어요. 갑작스러운 변화로 인해 일도 가정도 새로 적응해야 할 것들이 참 많이 생겼죠. 그래서 스트레스를 많이 받는 것 같아요. 이런저런 새로운 고민거리가 생기기도 하고요.

이번에 함께 해볼 테라피는 지금 바로 고민을 정리해주는 '멘탈코칭' 테라피인데, 걱정거리가 뒤섞여 있을 땐 참 막막하죠. 그럴 땐 그 걱정거리들을 '내가 통제할 수 있는 것'과 '통제할 수 없는 것'으로 나누면 훨씬 정리가 빨라져요. 이번 테라피는 우리가 자주 사용하는 포스트잇을 통해 고민거리와 함께 해결책을 적어보는 테라피에요.

통제 가능한 것과 불가능한 것을 구분하는 것만으로도 의미가 있답니다.

머릿속에 복잡한 듯 뒤엉켜 있는 걱정도 실제로 손으로 써보면 생각과 무척 다르다는 걸 느낄 때가 있어요. 그래서 많은 자기계발 대가들은 고민거리가 생겼을 때 그걸 글로 써서 직면함으로써 문제를 해결한다고 해요. 실제로 매우 긍정적인 효과가 있다고 합니다. 저역시 고민을 글로 쓰면서 '아, 이건 생각보다 간단한 거였구나.' 하고 느낄 때가 많아요. 적는다는 행위 자체가 매우 중요한 거죠. 그다음 고민을 긍정 언어로 바꿔 소리 내어 읽으면 우리의 마인드가 확 바뀌는 걸 경험할 수 있어요. 고민뿐 아니라 밀려 있는 업무, 정리해야 할 모든 것들을 이런 식으로 해볼 수 있답니다.

예시)

통제할 수 있는 것   통제할 수 없는 것

테라피 방법

1. 포스트잇 한 장에 한 가지씩 현재 가지고 있는 고민을 다섯 가지 이상 적는다.(예를 들어, 곧 갚아야 할 빚이 있다. 가족과 많은 시간을 못 보낸다. 업무 능력을 키우고 싶다.)

갚아야 할 빚이 있다.	가족과 많은 시간을 못 보낸다
업무 능력을 키우고 싶다.	아들이 말을 안 듣는다.

2. 적은 내용을 통제 가능한 것과 통제 불가능한 것으로 분류한다. 내용이 너무 많으면 영성, 가족, 일 등 카테고리를 커다랗게 분류한 다음, 비슷한 것끼리 묶어도 좋다. 고민한다고 해서 그것이 해결되거나 해소되지 않는다. 따라서 그렇게 분류된 포스트잇은 한쪽으로 밀어놓는다.

예)

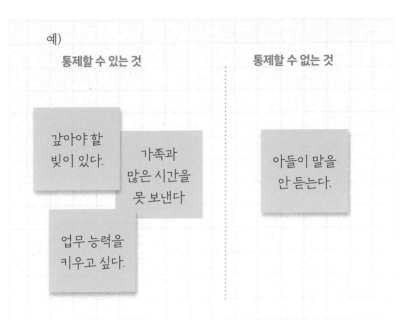

통제할 수 있는 것	통제할 수 없는 것

갚아야 할 빚이 있다.

가족과 많은 시간을 못 보낸다

업무 능력을 키우고 싶다.

아들이 말을 안 듣는다.

3. 통제가 불가능한 것은 내가 해결할 수 없는 것이기 때문에 한쪽으로 밀어놓는다. 그리고 통제가 가능한 것을 놓고, 그 옆에 새로운 포스트잇에 구체적인 계획을 적어본다. 당장 내가 할 수 있는 일을 적었다면, 여기에서 또 새로운 포스트잇에 구체적인 계획을 적어본다. 이 과정을 통해 '통제 가능한 일'은 스스로 모두 해결할 수 있다는 사실을 발견하게 된다.

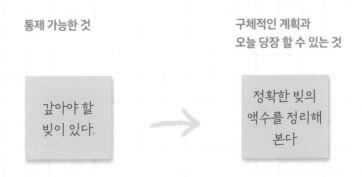

통제 가능한 것

구체적인 계획과
오늘 당장 할 수 있는 것

갚아야 할 빚이 있다.

정확한 빚의 액수를 정리해 본다

가족과 많은 시간을 못 보낸다.	→	일주일 중에 가족과 보낼 수 있는 시간이 언제일지 체크해본다.
업무 능력을 키우고 싶다.	→	내가 가장 칭찬듣는 부분과 실수하는 부분을 체크해본다.

4. 이제 '통제 가능한' 포스트잇 내용을 긍정 언어로 바꾸어서 소리 내어 읽어본다.

예1) 나는 가족과 많은 시간을 못 보낸다. → 나는 가족과 짧지만 함께 시간을 보낼 수 있고, 그 시간을 즐겁게 보낼 수 있다.

예2) 나는 업무 능력을 키우고 싶다. → 나는 매일 1시간씩 업무를 위한 스터디를 할 수 있다. → 나는 업무를 잘할 수 있다.

5. 소리 내어 읽었다면 이제 새로이 알아차린 것과 나에 대해 발견한 것을 적어본다.

예1) 해결할 수 없는 것 때문에 해결할 수 있는 문제까지도 영향을 받고 스트레스가 되었구나.

예2) 생각보다 내가 시간을 알차게 쓰지 못하고 있었구나.

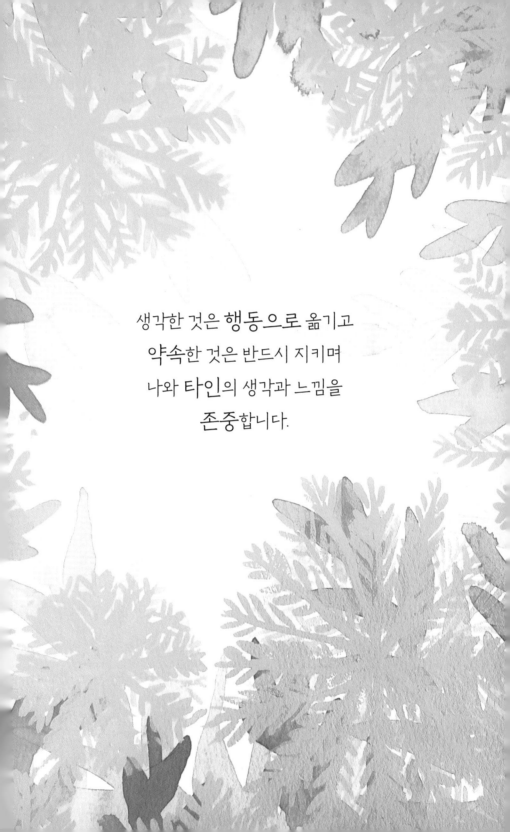

생각한 것은 행동으로 옮기고
약속한 것은 반드시 지키며
나와 타인의 생각과 느낌을
존중합니다.

인생의 중요한
우선순위를 발견하게 해주는

> ‘꿈’ 테라피

2010년. 론다 번(Rhonda Byrne)의 《시크릿》을 읽고 큰 자극을 받았어요. 그리고 3월 23일부터 시크릿 노트를 쓰기 시작했죠. 이 책은 이후로 나의 인생 책이 되었어요. 그리고 10년이 지난 지금, 깜짝 놀라고 말았어요. 그때 써놓은 10가지의 꿈 중 하나만 빼고는 모두 이루어졌거든요. 3년 늦긴 했지만 90%가 다 이뤄진 셈이에요. "세상에 이건 기적이야!" 하며 소리쳤어요. 정말 감사하고 신기했죠.

우린 "생각하고 말한 대로 이루어진다."는 말을 많이 들어요. 하지만 이 말을 그대로 믿고 실천하는 사람은 많지 않아요. 이 책에서 강조하는 건 끌어당김의 법칙이에요. '비밀의 달인' 네 명이 등장해 기적 같은 얘길 들려주고, 꿈을 이루는 '비밀'이 무엇인지 알려줘요.

우리의 인생에 나타나는 모든 현상은 우리가 끌어당긴 거예요. 우리 마음에 그린 그림과 생각이 그것들을 끌어당긴 거죠. 그래서 바로 지금 행복한 일, 기쁜 일을 하고 긍정적인 생각을 한다면 그 생각이 현실로 이어진다고 합니다.

이번에 해볼 테라피는 바로 '꿈 테라피'예요. 내 인생에서 중요한 것들의 우선순위를 정해 구체적으로 계획을 세우며 실천하는 테라피에요. 나는 살면서 했던 가장 재미있고 행복했던 놀이가 바로 '꿈꾸는 것'이었어요. 꿈과 놀면 나를 긍정적으로 인식하게 되고, 내가 괜찮은 사람이 되고, 내가 정말 원하는 곳까지 갈 수 있게 돼요. 꿈과 놀면 어떤 상황에도 굴복하지 않고 마음먹은 일은 뭐든 성취할 수 있다고 스스로를 믿게 해주죠.

꿈에는 두 가지가 있어요. 현실의 꿈과 잠재의식 속의 꿈이에요. 프로이트는 "인간은 10%의 의식과 90%의 무의식이 있다."고 말했어요. 우리는 죽을 때까지 무의식을 알아가는 과정 속에서 살아가죠. 인간은 의식의 내가 잠재의식인 나를 알아가는 과정을 통해 진정으로 원하는 삶을 알고 행복해집니다. 이러한 과정에서 나와 놀기는 예술 행위와 같아요. 당신은 당신이 알고 있는 것보다 훨씬 괜찮은 사람이랍니다. 보이지 않는 나를 깊이 통찰하고 만난다면 우리의 가능성을 발견하고 더욱 행복해질 거예요.

우리가 하는 테라피는 '지금 현재의 나와 잘 놀기'에 집중되어 있어요. 지금 나의 생각이 바뀌면 우리의 현실과 미래도 바뀌게 되어 있어요. 그러니 무한한 상상력을 통해 창의적이고 행복한 꿈을 꿔보는 거예요. 내 생각이 내 미래를 바꾼다면, 지금 당신은 어떤 생각을 하겠어요?

그리고 꿈을 꾸려면 명확하고 분명하게 꾸세요. 흐리멍텅한 꿈은 흐리멍텅한 결과를 낳게 한답니다. 셰익스피어가 말했죠. "좋고 나쁜 것은 없다. 생각이 그렇게 만들 뿐이다." 맞아요. "생각이 현실이 된다! 그리고 나는 내 생각의 주인이다!" 이렇게 외치면서 당신이 정말 무엇이 되고 싶은지, 무엇을 하고 싶은지, 무엇을 갖고 싶은지 결정해보세요. 그리고 그것을 자꾸 생각하고 이뤄지리라 믿으면, 어느새 그것이 현실이 되어 우리 앞에 와 있을 거예요.

원하는 것 적어보기

원하는 걸 모두 적어보세요. 내가 원하는 나의 인생길은 어떤 건가요? 나의 소망, 이루고 싶은 일과 하고 싶은 모든 걸 자유롭게 적어봅니다. 좋은 사람, 좋은 부모, 능력 있는 나, 건강한 나…… 다 괜찮아요. 살빼기나 아픈 곳 낫기, 부자 되기, 자격증 따기, 건강해지기, 예뻐지기 등도 좋아요. 정말 내가 원하는 걸 잘 생각해보고 상상해본 후에 적어보세요. 꿈은 많이 꿀수록 좋답니다!

1. 인생에 있어서 가장 중요한 5가지를 적어본다(예: 건강, 가족, 꿈, 관계, 여가).

2. 1번에 대한 1년, 5년, 10년, 20년, 30년, 50년 후의 기록을 기록해본다.

3. 지금 당장 내가 할 수 있는 것들에는 무엇이 있을까 적어본다.

4. 그것을 실행할 수 있는 계획을 구체적으로 세워본다.

5. 위의 계획들이 이루어지는 것을 상상하며 글로 적거나 그림으로

   표현해본다.

내 안에는 성공을 위해
필요한 모든 것이
이미 담겨 있습니다.
온 우주가
나의 성공을
응원하고 있습니다.

에릭슨의 발달단계

태어났을 때 엄마한테 사랑을 충분히 받고 제때 반응해주면 아기는 세상에 신뢰감을 갖게 됩니다. '나는 괜찮은 사람이다.' '내 뜻대로 모든 게 된다.' '이 세상은 살 만하다.' 이런 모든 긍정 에너지가 이때 생깁니다. 그런데 엄마가 산후 우울증 때문에 적절히 반응하지 않으면 세상에 대해 불신감이 생기고, 옹졸해지고, 베풀 수 없게 되고, 무의식 속에 이런 생각들이 자리를 잡게 됩니다. 신뢰감이 잘 형성된 사람들은 희망적인데 그렇지 않은 사람은 희망이 없어집니다. 이게 에릭슨의 이론이에요.

이런 게 채워지지 않았을 때 어른이 돼서 계속 퇴행하게 되죠. 마치 어린아이처럼 말이에요. 이게 회복되는 단계가 청소년 시기에요. 그래서 반항을 합니다. 이때 상처들은 미래를 여는 보물 창고가 됩니다. 상처를 통해 회복을 할 수 있거든요. 그러나 이때도 회복이 안 되면 그다음은 배우자를 만났을 때 그 단계가 옵니다. 사랑하는 사람에게 애교를 부리고 스킨십을 하는 등의 퇴행 행동을 하는 것입니다. 사랑하는 사람을 만났을 때 사랑을 많이 받으면 회복이 되기도 합니다. 그래서 좋은 사람을 만나는 게 무척 중요하죠. 이렇게 마음껏 퇴행을 해야 하는데, 안 그러면 70~80세가 되어서야 퇴행을 하게 됩니다. 그때는 훨씬 심한 모습으로 나타나곤 합니다.

나와 놀기를 하는 이유는 퇴행을 마음껏 하게 해주기 위해서입니다. 혼자서 퇴행을 해보는 것이죠. 인형놀이도 해보고, 그림도 그려보고, 아기 때 나를 만나보기도 합니다. 그래도 괜찮습니다. 이걸 안 하면 다른 데 가서 사람들한테 표출합니다. 남편이 안 받아주면 자식한테, 친구한테, 착한 사람한테 상처를 막 주게 됩니다.

유아기 때의 자율성이라는 것은 마음껏 돌아다니는 겁니다. 이때는 돌아다니면서 사고를 많이 칩니다. 그래서 엄마는 주변을 안전하게 만들어줘야 합니다. 안전한 울타리를 넓게 만들어야 하는데, 보통 부모들은 그러지 않고 그저 "안 돼."라는 말을 많이 합니다. 다치지 않게 넓게 울타리를 만들어서 마음껏 뒹굴게 하면 마음껏 성장을 할 수 있습니다. 그러나 이때 감각이 발달이 안 되면 발달 장애가 오고 감각치료를 해야 합니다. "이래선 안 돼, 저래선 안 돼." 하면서 자율성을 빼앗으면 아이는 수치심을 느낍니다. "너 그렇게 하면 안 돼. 엄마 말 들어야 해." 이런 말들이 수치심과 죄책감을 주면서 평생 아이가 눈치 보고 무슨 안 좋은 일이 생기면 "내 탓이야."라고 말하게 만듭니다. 그래서 유아기 때 엄마와의 관계가 정말 중요하죠.

우리는 앞에서 내면 아이 테라피를 했어요. 아래 표는 에릭슨의 발달단계를 나타낸 것입니다. 잘 보면서 각 단계별로 인간이 어떻게 성장하고 또 어떠한 모습을 보이는지 살펴본다면 도움이 될 거예요.

단계	미덕	심리·사회적 단계	
영아기	희망	기본 신뢰감 대 불신감	
유아기	의지	자율성 대 수치심과 의심	
유치기	목적	자발성 대 죄책감	
아동기	능력	근면성 대 열등감	각 단계는 그 전 단계 위에서 형성되고, 그것들을 통합한다.
청소년기	성실성	자아 정체감 대 정체감 혼란	
청년기	사랑	친밀감 대 고립감	
장년기	배려	생산성 대 정체감	
노년기	지혜	자아통합 대 절망감	

쓰담쓰담 마음에게
보내는 작은 위로

'편지' 테라피

저는 어린 시절을 생각하면 수평선을 바라보는 어린아이가 떠올라요. 넓고 넓은 바다가 세상을 지배하듯 옆으로 퍼지고 있었죠. 잘 기억이 나지는 않지만 혼자 놀다가 저녁이 되면 고기를 잡으러 나가신 아버지를 만나러 선착장으로 달려가곤 했어요. 그런데 이상하게 그때마다 좀 마음이 슬프고 공허했어요. 바다는 너무나 아름다운데 맘이 왜 이럴까 싶었죠. 가끔 낭떠러지에 떨어지는 악몽을 꾸고 무서워서 덜덜 떨기도 했어요. 어느 날 어머니의 얘기를 듣고 알게 됐어요. 제가 3살 때 아버지를 기다리다가 선착장에서 떨어져서 죽을 뻔했다는 거예요. 안 좋은 일이 생기면 어디론가 떨어지는 느낌이 들고 늘 무섭고 불안했거든요. 내가 이상한 사람인가, 싶을 때도 있었어요.

그런데 우연히 만다라 컬러 테라피를 하면서 원인을 알게 되었고, 나의 알 수 없는 불안이 어린 시절의 무의식 속의 기억과 같다는 것을 알고부터는 그 증상이 없어졌어요. 내 잘못이 아니었던 거죠. 어린 시절 나를 만나고 위로해주고 놀아주면서 외롭고 불안한 맘을 받아주었어요. 그리고는 내 안에 어린아이는 편안히 나를 떠났죠. 그 이후 기억은 아름다운 수평선에서 아버지를 기다리는 행복한 아이만이 남게 되었어요.

우리는 소아기 어린 감정과 내면 아이와 만나지 못해서 종종 알 수 없는 고통을 겪는 일이 있어요. 우리는 가끔 알 수 없는 불안과 공포에 시달리기도 해요. 그때 도망가지 말고 그 모습을 보고 나와 놀아주는 게 제일 중요해요. 이번에는 나에게 편지를 쓰는 테라피를 해볼 거예요. 어릴 적 나에게 편지를 쓰는 거죠. 나를 도닥여주는 큰 효과가 있답니다.

그리고 나에게 편지를 쓴 후에는 어릴 때 해보고 싶었던 놀이의 목록을 적고 하나씩 실행해봅니다. 나는 어릴 때 장난감이 별로 없어서 부자 친구들이 갖고 있는 장난감이나 책 같은 게 좍 있었으면 좋겠다고 생각했어요. 그래서 지금도 놀이치료실에 가면 기분이 너무 좋아요. 내가 놀이치료사이면서도 거기에 있는 게 너무 행복해요. 아이가 오면 내가 아이가 돼서 똑같이 놉니다. 물론 전문가이니까 아이를 살피기는 하겠죠. 엄마들이 "선생님한테만 갔다 오면 왜 치료가 되죠?"

하고 묻습니다. 아무것도 하는 거 없이 놀기만 하니까, 진짜 놀기만 하니 그럴 수밖에요. 그런데 치료가 됩니다. 그러면 기분이 좋고, 인정받는 것 같고, 사랑받는 것 같고, 자기가 괜찮은 사람이 되는 것 같다고 합니다.

성인인 나 역시 나와 놀아주고, 어린 나를 그려주고, 물어봐주고 공감만 해주어도 훨씬 좋아집니다. 아이가 혼자이면 무서우니까 어른 한 사람이 있어야 편안해져요. 그걸 성인인 내가 어린 나한테 가서 해주는 거죠. 떠오를 때마다 해주는 게 좋습니다. 어린 나를 만나서 놀아주고 쓰담쓰담 해주면 마음이 포근해져요.

그다음 10살 때, 20살 때, 30살 때, 현재의 나까지 다합니다. 10살 때는 초등학생이니까 왕따도 있을 수 있고 친구 관계도 있고 여러 가지가 있습니다. 20살 때는 회사에 갔을 때 긴장되는 나를 그리며 떠오르는 걸 해줍니다. 30살 때는 결혼한 나이거나 혹은 연애를 하는 내가 될 수도 있겠네요. 각각의 나이마다 5살 때와 똑같은 방법으로 "너 뭐하고 싶니?" 등을 묻습니다. 그러면 '워터파크 놀러 가고 싶었어, 놀이동산에 가고 싶었어, 외식을 하고 싶었어, 자전거를 타고 싶었어, 가족여행을 가고 싶었어.' 등의 대답을 쫙 한 번 적어보는 겁니다. 적은 다음 이것을 하나씩 실행하면서 나를 향한 위로를 느껴보면 좋겠네요.

테라피 방법

1. 어린 나에게 편지를 쓴다. (쓰담쓰담 해주기)

나는 너의 미래야. 너를 사랑하기 위해서 왔어. 난 너와 놀고 싶어.

네가 원하는 걸 다 해줄게.

5살

10살

20살

30살

현재

2. 어릴 때 해보고 싶었던 놀이의 목록을 적어보고 하나씩 실행해본다.

워터파크, 놀이터, 놀이동산, 자전거, 가족여행, 전쟁놀이, 인형놀이,

소꿉놀이, 공주파티놀이 등.

나는 항상 여유롭습니다.
내게는 충분한 시간이 있습니다.
서두르지 않아도 됩니다.
언제나 내가 있어야 할 그곳에
나는 가장 알맞은 시간에 도착합니다.

관계의 응어리를
풀어주는

'가족' 테라피

당신은 '가족' 하면 무엇이 가장 먼저 떠오르나요? 이 글에서는 가족 테라피를 해보려고 해요. 우리는 어린 시절 가족 안에서 해결하지 못한 부분이 많을수록 결혼을 한 후 배우자에게 바라는 게 많아지는 걸 경험하게 됩니다. 부모에게서 받지 못한 걸 배우자에게 투사하게 되고, 그런 남자를 자꾸 만나게 되죠. 그리고 원하는 걸 채워주지 못하는 배우자를 보며 밉고, 분노하고, 실망하게 됩니다. 그리고 이러한 부부의 미해결 과제는 아이들에게로 고스란히 전달됩니다. 아이들은 부모의 모습을 보며 불안해하고, 힘들어하고, 그 힘듦을 어린 아이인 자신이 짊어지려고 합니다. 저는 아이들을 치료하고 가르치는 일을 30년 동안 했는데, 마음이 아픈 아이들의 배경에는 90% 아픈 부모가 있다는 걸 알게 되었습니다.

저는 맏딸이에요. 남편은 막내입니다. 남편은 막내이면서도 맏이의 역할을 모두 하는 사람이었어요. 그러다 보니 지나치게 책임과 의무가 강했죠. 어릴 때부터 사랑받고 싶은 욕구 때문에 효자, 천사라는 이름을 달고 살았어요. 그래서 오히려 사람들에게 속기도 하고 어려움도 많이 겪었어요. 좋은 사람이어야 하고 완벽한 사람이려고 하다 보니 그렇게 된 거죠. 저도 비슷했어요. 부모에게도 잘하고 싶고 아내로서 엄마로서 다 잘하고 싶었어요. 부모님이 힘들게 사는 걸 보면서 많은 걸 해드리고 싶었죠. 하지만 이러한 과다한 책임감들이 우리 부부를 서로 힘들게 만들었어요.

저는 나와 놀기를 하면서 내 마음을 들여다보는 동시에 남편과도 많은 이야기를 나누었어요. 우리는 우리 부모님이 그랬던 것처럼 부모의 짐을 자식에게 주지 않아야 한다는 걸 깨달았어요. 할 수 있는 것만 하면서도 충분히 행복하고 서로에게 도움이 될 수 있다는 것, 우린 결코 완벽한 사람이 아니라는 걸 알게 된 거죠. 저는 30년 동안 부모교육을 하면서 가장 중요한 건 먼저 '나 자신을 아는 것'이고 그 다음 가족을 아는 것임을 깨달았어요.

이번 테라피는 그렇게 나와 우리 가족을 알아가는 테라피에요. 이 과정을 경험하고 나면 훨씬 더 가벼워지고, 가족을 있는 그대로 사랑하는 법을 알게 될 거예요.

테라피 방법

1. 가족관계를 그려본다. 원가족과 현가족을 나눠서 그려본다.

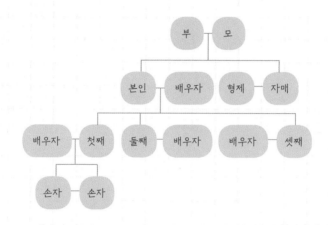

2. 각 구성원의 성격과 장단점을 써라.

가족구성원	장점	단점
부		
모		
배우자		
형제		
자매		
첫째		
:		

3. 가족 안에서의 나에게 해주고 싶은 말은?

예)잘해왔어, 충분히 잘하고 있어

_____

_____

_____

_____

_____

_____

나는 오직 나.
나 자신으로 존재하는 나.
그래도 충분히
멋지고 훌륭한 사람!
그 자체로
사랑스럽고 아름다운 사람!

영화를 통해 나의
성향을 알아보는

‘영화’ 테라피

요즘은 집에서 텔레비전이나 넷플릭스를 통해 영화를 보지만 코로나19가 터지기 전에는 항상 새로운 영화를 보기 위해 영화관을 찾았죠. 영화 테라피는 내 인생 영화를 살펴보면서 나의 인생관이 무엇인지, 나라는 사람이 어떤 사람인지 통합적으로 볼 수 있는 테라피에요. 그래서 나는 늘 영화 테라피를 하고 있다고 말하기도 해요. 현대를 살고 있는 우리에게 영화는 참 친숙한 것이니까요.

나와 노는 시간에 영화를 보고, 영화를 본 후에 영화 테라피를 해보면 일석이조의 효과를 얻을 수 있어요. 영화를 좋아하는 사람들은 타인의 생활을 보고 싶어 하는 심리가 있다고 말하기도 해요. 영화 속 인물들을 보면서 ‘다른 사람의 삶도 나와 별반 다르지 않구나.’ 하는 안도감을 갖기도 하고 ‘아휴, 정말 힘들겠네. 내 삶은 행복한 거구나.' 하고 위로를 받기도 해요.

우리는 모두 '인생 영화'를 몇 편씩 갖고 있죠. 그 영화를 잘 들여다보면 거기에 내가 들어있다는 걸 아나요? 놀랍게도 나의 핵심 영화, 나의 감정과 소망들이 그 속에 있어요. 우리가 본 멋진 영화에 대해 열광하며 남에게 얘기해주는 것, 또 내가 좋아하는 영화를 실컷 보며 나와 노는 것 모두 나를 알 수 있는 좋은 도구가 된답니다. 영화는 나의 생각을 확장시켜주기도 하고, 내 삶을 재구성해주기도 하고, 나 자신을 안전하게 다른 세상으로 초대하기도 해요.

나는 청소년 때 〈죽은 시인의 사회〉라는 영화를 보고 정말 큰 감동을 받았어요. 몇 번이나 다시 보곤 했죠. "너희들은 언젠가는 죽어. 나중에 다 죽어. 이 책의 위인들은 지금 어디에 있지? 다 죽었어. 그러니 지금 삶을 즐기고 살아. 하나뿐인 너의 인생을 즐겨." 선생님이 학생들에게 했던 이 말은 나의 심장을 때렸어요. 아무리 위대하고 아무리 열심히 사는 인생이라도 결국 인생은 한 번이라는 것. 이런 인생을 위해 지금 이 순간을 즐기면서 살아야 한다는 말이 너무나 신선했어요. "열심히 살아라, 성공해라, 행복해라, 부자가 되어라."는 말들은 수없이 들었지만 "즐겨라."는 말은 그때까지 들어본 적이 없었으니까요. 선생님의 대사를 듣는 순간 내 삶을 다시 돌아보게 되었어요. 당신은 어떤가요? 이번 생이 한 번뿐이라면, 다시 돌아오지 않는다면, 어떤 생을 살고 싶으세요?

영화 테라피에서 중요한 건 영화 속 등장인물이에요. 주인공, 캐릭터라고 하죠? 이들은 우리 삶의 훌륭한 모델이 되어주기도 하고, 보조 치료자가 되어주기도 해요. 우리는 그들을 보며 몰입하고, 그들이 삶의 갈등을 극복하는 과정에 함께 참여해서 감동을 받고 용기를 얻기도 해요. 실제로 심리치료에서는 시간이 오래 걸리는 언어 상담보다 영화 치료를 통해 감정을 곧바로 볼 수 있기 때문에 이 방법을 자주 사용하기도 해요. 이번 장에서 우리는 영화 테라피를 통해 내 삶을 되돌아보는 귀한 시간을 가져보기로 해요.

테라피 방법 🎨

위 질문에 구체적으로 답을 적어나가다 보면 내면을 탐색하는 데 도움이 됩니다. 5개의 손가락 안에 들어가는 영화는 내 삶에서 무척 중요한 역할을 합니다. '아, 나의 내면이 이런 것들을 추구하는구나. 내 인생관이 이렇구나.' 하는 걸 알 수 있어요. 또 지금 왜 나는 이 영화를 적었을까? 나의 취향이나 지금 현재의 마음도 잘 알 수 있어요. 똑같은 영화도 그때그때 다른 느낌을 주고 인생에도 각각 다른 영향을 미치죠.

1. **왼손을 펴서 A4용지에 대고 오른손으로 왼손을 그린다.**
   왼손잡이는 반대로 한다. 한쪽 손만 그리면 된다.

2. 다섯 손가락에 각각 내 인생의 영화를 하나씩 적어본다.

예) 드라마나 만화도 좋아요.

3. 각 영화의 장르는 무엇인가?

예) 드라마, 만화, 액션

4. 각 영화를 볼 때 감정은 어땠나?

예) 짜릿하다. 우울했다. 기뻤다.

5. 각 영화를 좋아하는 이유는 무엇인가?

예) 안소니아 테리우스가 좋아서 자꾸 보고 싶어서

6. 반복해서 본 영화는 무엇이고 특징이 무엇인가?

예)〈죽은 시인의 사회〉〈인셉션〉

7. 5가지 영화의 공통점은 무엇인가?

예) 심리적, 인간적, 환타지, 로맨스, 오래된 영화

8. 누구와 함께 봤나?

예) 혼자 봤다, 친구와 보았다.

9. 어떤 내용이 주로 반복되나?

예) 착한 주인공의 삶

오늘에 집중하고
내일을 꿈꿔라.
미래를 바꾸는 힘은
어제가 아닌 오늘에 있다.

나는 어떤 유형일까?

'성격' 테라피

소크라테스는 "너 자신을 알라."고 했고, 영화 〈친절한 금자씨〉에서 금자 씨는 "너나 잘하세요."라는 말을 했죠. 우리는 평생 자신을 알고 사랑하기 위해서 살아가요. 자신을 잘 모르고 말하는 사람을 볼 때면 속으로 '너나 잘하세요.' 하는 생각이 들기도 해요. 나를 안다는 건 참 중요한 일이에요. 나를 잘 알면 남에게 상처 주지 않아요. 그리고 후회하는 일을 덜 만들어요. 그래서 나를 알고 사랑하고 잘 노는 것은 결국 모두를 위한 일인 거예요.

당신은 어떤 사람인가요? 지금부터 그걸 알아보기로 해요. 사람은 누구도 같은 사람이 없기 때문에 분류한다면 70억 개의 유형이 되겠지만, 여기에서는 크게 3가지로 나눠 이야기해볼게요.

1. 사고형 (머리형)

에너지가 머리에 있고 안전이 중요한 사람이에요. 많은 정보와 지식을 알고 있어야 안정을 느끼며 행복해하죠. 스트레스를 받으면 공포와 불안을 느끼기도 해요. 지식과 지혜로움을 지니며 통찰력이 있어요. 사고형은 머리로 이해가 되고 미래에 대한 지식을 알면 안정이 되면서 행복해요.

2. 감성형 (가슴형)

에너지가 가슴에 있고 관계가 중요한 사람이에요. 추억을 함께 나눈 사람들과의 느낌이 중요하며 관계가 좋아야 일도 잘되고 행복해요. 자신의 감정을 몰라주면 수치심을 느껴요. 감성적이며 따뜻하고 매력적이죠. 인간 중심이며 사람들과 소통을 잘해요. 마음을 나누면 행복감을 느끼죠.

3. 행동형 (장형)

에너지가 장에 있고 일이 중요한 사람이에요. 자신의 영역이 중요하며 일을 잘해야 행복한 사람이죠. 스트레스를 받으면 분노하고 공격성이 나올 수 있어요. 의무에 의해 의사결정을 하며 리더십이 있어요. 전체 단합과 의리를 강조하는 사람이에요.

당신은 어떤 유형인가요? 재미있는 얘기를 들려줄게요.

사고형, 감성형, 행동형이 등산을 가게 됐어요. 행동형인 상사는 반드시 정상에 올라야 한다고 생각해요. 함께 간 모든 사람들이 정상에 같이 올라가야 행복하죠. 감성형인 여직원은 좋은 사람들과 함께 주변 환경을 즐기고 이야기도 하는 과정이 즐거워요. 꼭 정상까지 안 가도 된다고 생각해요. 사고형인 남자 직원은 하루 전에 인터넷으로 산에 대한 모든 곳을 검색하고 최대한 안전한 곳으로 다녀요. 이미 머릿속으로 정상을 찍고 왔기 때문에 굳이 올라갈 생각을 하지 않아요. 알고 있는 것만으로도 됐다고 생각하죠. 정상에 올라갈 생각도 없이 사람들과 이야기를 나누기에 바쁜 감성형 때문에 행동형은 화가 나요. 무조건 끝까지 올라가자고 말하는 행동형을 보는데 사고형은 이해가 안 가서 스트레스를 받아요.

재미있는 예시이지만 우리는 이 이야기를 통해 사람은 모두 다른 성격을 가지고 있다는 걸 알게 됩니다. 하지만 다르다고 해서 틀린 건 아니에요. 모두가 옳고 모두가 완벽해요. 다만 각자 행복을 추구하는 에너지가 다를 뿐이죠. 당신은 혹시 '다르다'는 이유 때문에 스트레스를 받은 적은 없나요? 아니면 달라서 자신에게 문제가 있다고 생각한 적은 없나요? 결코 누구도 잘못된 사람은 없어요. 나를 알고 남을 알면 잘 소통할 수 있어요. 그러기 위해서 나의 성격을 잘 아는 것은 참 중요해요.

저는 감성형이에요. 감성적이고 사람들을 좋아하고 꽃과 나무 예술을 무척 좋아해요. 혼자 노는 것을 좋아하고 섬세하고 예민해요. 그래서 남들은 저를 아주 밝은 사람으로 보지만 실은 아주 내성적이고 작은 것에 상처도 잘 받는답니다. "그런 저는 30년 동안 강의와 상담을 해오고 있습니다." 이렇게 말하면 '전문가니까 자신을 잘 알거야.'라고 생각하지만 그렇지도 않아요. 그래서 지금도 날마다 내 마음을 알아주기 위해서 노력한답니다. 내 마음을 몰라주면 다 외롭고 쓸쓸해져요. 하지만 내 마음을 알아주면 행복하고 기쁘죠. 그래서 누구에게나 나와 놀기가 필요해요. 나는 아침에 일어나 나와 놀기를 해요. 어려운 게 아니에요. 그냥 나에게 이런 말들을 해주는 거죠.

나는 운이 좋다.
난 인복이 있다.
난 돈복이 있다.
난 건강복이 있다.
나는 하는 일마다 다 잘된다.

나와 놀아주다 보면 내가 어떤 사람인지 잘 알게 돼요. 기분이 금세 좋아지고 안정이 되죠. 예를 들어 내가 사고형이 나왔다면 나는 지혜롭고 통찰력이 있는 사람이에요. "어떻게 그렇게 아는 게 많아?" "당신은 정말 지혜로운 사람이군요." 이런 말을 듣는 걸 좋아해요. 그걸 내가 나한테 말해주면 정말 좋아요. "너 정말 똑똑하구나!"

감성형인 사람들은 "사랑스러워요. 어쩌면 그렇게 특별한 감성을 가지고 있어요?" 이런 말을 좋아해요. 모든 사람들에게 사고형, 감성형, 행동형의 면모가 다 있지만 그중 한 가지가 더 강하게 나타난다는 거예요. 그 강한 에너지를 잘 알고 내가 듣고 싶은 말을 스스로 해주면 정말 좋겠죠?

자, 이번 성격 테라피에서는 나의 성격 유형의 긍정 언어를 찾아보는 시간을 갖기로 해요!

아래 1번~9번까지의 긍정 언어 중 나에게 가장 와닿는 긍정 언어를 찾아보세요. (편안하거나 행복해지는 언어도 좋아요.) 그런 다음, 그 글을 읽고 예쁜 노트에 써보고, 그림도 그려보세요.

1 • 나는 이미 완전한 존재입니다 .

• 나에게 실패란 없어요. 배움만 있을 뿐입니다 .

• 나는 칭찬과 유머가 넘치고 잘 쉬고 잘 놀 줄 아는 사람입니다.

2 • 나는 따뜻하고 배려심 넘치는 사람입니다.

• 나는 내가 보낸 사랑보다 더 많은 사랑을 받습니다.

• 나는 나를 잘 돌보는 행복한 이기주의자입니다.

3 • 내 안에는 성공을 위해 필요한 모든 것이 이미 담겨 있습니다.

• 이 세상 모든 우주가 나의 성공을 응원하고 있습니다.

• 나는 자신의 실패와 과오를 인정하고 가슴이 원하는 것을 잘

따릅니다.

4 • 나는 세상의 빛과 소금입니다. 내 안의 빛이 세상을 환하게 비춰줍니다.

• 나는 오직 존재하는 나로서 충분히 사랑스럽고 아름다운 사람입니다.

• 나는 현실을 있는 그대로 수용하고 이성과 감성의 조화를 이룹니다.

5 • 나는 지혜롭고 현명한 존재입니다.

• 내면의 지혜가 언제나 나를 가장 좋은 길로 인도해줍니다.

• 나는 내면의 지혜를 믿고 행동과 실천을 잘합니다.

6 • 세상에서 가장 친한 친구는 바로 나 자신입니다.

• 나는 언제나 안전하고 세상과 우주의 보호를 받습니다.

• 나는 신뢰와 믿음으로 두려움을 볼 용기가 있습니다.

7 • 나는 긍정적인 에너지와 열정으로 가득합니다.

• 나는 도전을 좋아하며 창의적인 사람입니다.

• 나는 나 자신과의 약속을 끝까지 지킵니다.

8 • 나는 힘이 넘치고 돈(부)을 끌어당기는 자석입니다.

• 나의 순수하고 부드러운 사람으로 성장 잠재력이 무한대입니다.

• 나는 나의 열정과 힘을 사람들을 위해서 사용합니다.

9 • 나의 삶은 언제나 평화롭고 조화로우며 공평합니다.

- 나는 나의 생각과 느낌을 존중합니다. 나는 천하보다도 귀하고 소중한 존재입니다.
- 나는 언제나 행동하고 실천하는 사람입니다.

- 우리는 한 사람 한 사람 다른 존재입니다.
- 다르기에 시너지가 일어납니다.
- 미래는 지금부터 만들어갑니다.
- 오늘 하루는 삶이 나에게 주는 특별한 선물입니다.

나의 성격 유형이 궁금하다면?

테라피 방법

1. 1번~9번까지 나에게 와 닿는 긍정 언어를 찾아 써보고 느낌을 그려보세요.

2. 새해 발견한 것, 알아차린 점을 적어보세요.

_____

_____

_____

_____

_____

내 고유의 색이 아름답듯이
타인이 가진 고유의 색도 아름답습니다.
우린 서로를 시기 질투하는 것이 아니라
서로의 색을 칭찬하며 함께 갑니다.
그것이 지혜의 길이며
더 아름다운 세상을 만드는 길입니다.

육체와 정신을 맑게 해주는

'명상' 테라피

《미라클 모닝》뿐 아니라 수많은 성공자들이 쓴 자기계발서에는 어김없이 '명상'에 대한 이야기가 나오곤 해요. 우리의 마음을 순수한 내면의식으로 몰입하도록 만드는 수행법인 명상. 거창하게 생각하지 말고 하루에 잠깐 10분만이라도 시간을 내어 꾸준히 명상을 한다면 심리적, 신체적으로 매우 편안한 상태에 이른다는 걸 알 수 있어요. 아침에 일어나자마자 침대 위에서 눈을 감은 채 자신의 몸의 부분 부분을 어루만지며 "어깨야 잘 잤어?" "다리야 잘 잤어?" 하고 말을 걸어주는 것도 명상이 될 수 있답니다.

이번 글에서는 내가 주로 하는 몇 가지 명상법에 대해 알려주려고 해요. 나와 놀기의 정수라고도 할 수 있는 명상은 지치고 힘든 마음을 깨끗하게 정돈해주는 최고의 테라피에요.

테라피 방법

긍정 언어 명상

1. 잔잔한 음악을 튼다.

2. 가장 편안한 자세로 앉아 눈을 감는다.

3. 마법기도를 한다. 마음속으로 10가지 다짐 및 긍정 언어를 생각나는 대로 읊어본다.

   그동안 잘 살았어. 토닥토닥.

   오늘 하루는 더 행복하게 지내자.

   오늘 화나는 일이 있어도 한 번은 참아주자.

   오늘은 부를 끌어당기는 하루가 될 거야.

   조금 힘든 일이 생긴다 해도 모두 극복할 수 있을 거야.

   기분 좋은 일이 생긴다면 모두와 함께 나누자.

   어제도 고생 많았어. 오늘도 파이팅.

   혹시 실수한다 해도 괜찮아. 충분히 잘하고 있어.

   다른 사람을 이해하고 용서하는 하루가 되면 좋겠어.

   사랑한다, 감사하다는 말을 좀 더 많이 하자.

4. 그다음 감사기도를 한다. 생각나는 대로 읊어본다.

   난 행복한 사람입니다.

   오늘도 우리 가족과 나를 건강하게 지켜주셔서 감사합니다.

   난 사랑으로 빛나는 존재입니다.

   난 돈을 끌어당기는 자석입니다.

나는 하는 일마다 잘됩니다.

나는 항상 인정받고 사랑받고 보호받습니다.

4. 처음에 명상이 잘되지 않는다면, 내가 직접 음악과 함께 올려둔 명상 영상을 활용해보세요.

산에 오르는 명상

20년 전 10일 동안 단식수련원에 간 적이 있어요. 열심히 살았지만 문득 지쳤다는 느낌을 받았죠. 도망치듯 떠난 곳이었지만 3일 단식을 하면서 많은 변화가 있었어요. 수련을 하다 보니 몸과 마음이 깨끗해지고 안정이 되었죠. 마지막날 산에 오른다고 하는데 원래 등산을 싫어해서 너무 힘들게 느껴졌어요. 모두 함께 가니 괜찮다고 했지만 마음이 불안했죠. '내가 과연 갈 수 있을까?'

다음날 산을 오르기 시작했는데 역시 호흡도 가쁘고 너무 힘이 들었어요. 쓰러질 것 같다는 생각이 들 때 선생님이 오시더니 "한 발짝, 한 발짝만 움직여보세요. 그러다 보면 정상에 올라가 있을 거예요."라고 말하는 거예요. 이미 중간쯤 왔는데 혼자 내려가기도 막막하고 그래서 그 말대로 '한 발짝, 한 발짝' 하며 발을 내디뎠어요. 그러다 보니 신기하게도 어느 순간 정상까지 가 있는 거예요. 그때의 감동과 기쁨은 이루 말할 수가 없었죠. 새벽에 올라오는 태양은 내게 말하는 듯했어요. '넌 할 수 있어. 그래. 그렇게 한 발짝씩 가면 네가 원하는 걸 이룰 거야!' 가슴이 터질 것 같았죠.

　나는 그때부터 힘들면 한 발짝이라는 말을 되새겨요. 그렇게 살다 보니 정말 내가 원하는 곳에 와 있었어요. 당신도 힘들 때마다 '한 발짝만, 한 발짝만' 하면서 올라가 보세요. 그렇게 조금씩 가다 보면 어느새 내가 원하는 곳에 있게 될 거예요. 당신이 정말 행복해졌으면 좋겠어요. 우리, 등산을 하듯 테라피를 한번 해볼까요?

1. 산에 오르는 나(내가 이루고 싶은 소망)를 상상한다.

2. 내가 도달할 곳을 적어본다.

3. 가는 도중에 쉴 곳, 이룰 것, 버릴 것들을 적어본다.

4. 힘든 순간 '한 발짝, 한 발짝' 하는 말을 되뇌어본다.

5. 정상에 올라 태양을 보고 모든 것을 이룬 나를 상상한다.

6. 나의 기분, 느낌, 나에 대해 새로 발견한 것을 적어본다.

충분한 휴식은

내 삶에 더 큰 에너지를 주어

다음 발걸음을 힘차게 나아가게 해줍니다.

나는 충분히 휴식하며

나를 돌보는 일을 절대 잊지 않습니다.

나의 가능성을
발견하게 해주는

'여행' 테라피

천국을 보았어요. 세상은 진실보다는 거짓이 많았고 현실은 아름답지 않았어요. 행복해지고 싶고 성공하고 싶은 마음들이 흩어져서 세상을 날아다니고 있었죠. 주인을 잃은 조각들은 그렇게 아무 자리나 가서 그들의 인생을 흔들어 놓았어요. 끊임없는 무력감과 좌절감이 밀려오고 어깨를 무겁게 눌렀지요. 현실에는 없지만 꿈속에 늘 존재했던 세상들을 보고 싶었어요.

어디든 날아가야만 했죠. 어디든 떠나야만 했어요.

2년 전 그렇게 바쁘고 지친 몸을 안고 스페인으로 날아갔어요. 아~! 그곳은 천국이었어요. 꿈꾸는 모든 것이 다 있었어요. 너무나 놀라서 심장이 멎어버리는 줄 알았죠. 상상한 것들이 존재하는 곳! 가우디 성당 안의 모든 빛이 사람들에게 축복을 주었지요. 성당을 오는 사람들은 자신에게 주는 빛을 알았을까요?

전 다시 설레기 시작했어요. 세상은 거짓 같지만 진실했고 현실은 생각보다 훨씬 아름다웠죠. 세상은 다시 살 만한 곳이었어요. 전 이렇게 스페인 가우디 성당에서 천국을 보고 돌아왔어요.

"성공하고 행복하고 싶다면 여행을 가라."는 말이 있어요. 여행은 나의 틀을 벗어나고, 늘 같은 패턴으로 살아오던 방식을 벗어나 생각하고 행동해볼 수 있다는 좋은 점이 있어요. 늘 다니던 곳에선 늘 같은 생각을 하기 마련이지만 여행은 새로운 삶을 선물하지요. 여행을 멀리 갈 수 없다면 여행 계획을 세워보는 것만으로도 여행을 떠나는 것만큼이나 신선한 경험을 해볼 수 있답니다. 여행은 삶에 활력을 주는 좋은 활동이에요. 여행은 오로지 나와의 만남을 가질 수 있는 가장 좋은 테라피 중 하나라고 할 수 있어요. 그럼, 이제 여행 테라피를 한번 해볼까요? 국내, 국외 등 가고 싶은 곳을 맘껏 적어보세요. 여행 계획을 꼼꼼하게 세우면서 여행을 간 나를 상상해볼 거예요. 계획을 세우고 내 모습을 상상하면서 새로운 장소에서 나를 탄생시켜 보세요. 그러면 또 다른 새로운 나를 만날 거예요. 창의적이고 잠재력 있고 가능성이 가득한 자유로운 나를 만나보세요. 두근두근 셀레는 마음을 느껴보길 바라요!

싱가폴 ▶
동유럽 하슈탈트 ▼

▲ 스페인 알함브라궁전

◀ 스페인 가우디성당

테라피 방법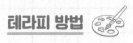

1. 여행 계획 세워보기

　다음 표를 채워보세요

어디로 떠날까?	
누구와 함께 갈까?	
여행 기간은?	
교통 수단은?	
그곳에 가고 싶은 이유는?	
가장 먼저 해보고 싶은 것은?	
숙소 계획을 세워보세요	

2. Day 플랜 짜보기

1일부터 마지막 날까지 무엇을 할 것인지 적어보세요.

1일차	
2일차	
3일차	
4일차	
5일차	

3. 상상해보기

여행지에 대한 정보를 찾아 여기에다 모두 적어보세요. 장소에 대한 정보를 찾아보는 것만으로도 훨씬 신나는 느낌이 든답니다.

여행은 자유롭게
나를 완전히 놓아버린 채
그렇게 새로운 것에 나를 맡기는
멋지고 행복한 여정!
나는 그런 여행을 사랑합니다!

마음으로 떠나는 여행

'어반드로잉' 테라피

5년 전이었어요. 박사 과정을 모두 마치자 목디스크와 허리디스크라는 진단을 받게 됐죠. 그동안 너무 앞만 보고 달려왔다는 생각에 모든 걸 내려놓고 1년 정도 치료와 휴식을 취하는 시간을 갖기로 했어요. 나는 그때부터 1년 동안 치료에 집중하면서 매일 걷고, 또 매일 나 자신과 대화를 했어요. 긍정 낭독을 하며 마음을 위로하고, '여유가 생기면 해야지.' 하고 다짐했던 것들을 하나씩 해보자고 마음먹었죠.

걷기만 하는 것도 좋았지만 그게 무료해질 때면 여행을 다니고 사진도 찍었어요. 그리고 사진 속에 담긴 우리 동네를 스케치해보기도 하고, 그때그때 감정을 기록해보기도 했죠. 남을 치료하느라 정작 나 자신을 돌보지 못한 긴 시간에 대해 보상을 받는 것 같았어요. '왜 진작 이런 시간을 갖지 못했을까. 정말 행복하다……!' 하루하루 이런 생각이 가슴에 듬뿍 차올랐어요.

그러던 중 어반드로잉 테라피라는 걸 알게 됐어요. 어반드로잉, 어반스케치라는 말을 들어봤을 거예요. 'Urban'이라는 말은 원래 '도시의, 도회적인, 세련된, 우아한, 교양있는'이라는 뜻이에요. 따라서 어반드로잉, 어반스케치는 우리가 여행한 곳이나 도시를 보고 그것을 그리는 걸 뜻하죠. 몸을 치유하기 위한 힐링 시간으로 시작된 어반드로잉은 내 삶에 많은 변화를 가져다줬어요.

스케치를 위해서는 사진을 먼저 찍어야 하는데, 동네도 돌아다니고 그동안 다녔던 여행지의 사진들도 꺼내 보면서 얼마나 큰 자유로움과 풍요로움을 느꼈는지 몰라요. 내가 사는 주변에 이렇게 예쁘고 아름다운 곳이 있었구나, 내가 언젠가 갔던 곳이 이렇게 멋졌구나, 하는 걸 느끼면서 그림을 그리는 게 얼마나 행복한지요. 그렇게 그림을 그리다 보면 시간이 가는 줄 모르고 아픔도 깡그리 잊어버리는 것 같았어요. 나와 노는 최고의 친구라고 할 수 있을 정도니까요.

그렇게 그림을 그리다 보니 어느새 전시회도 두 번이나 하고, 지금도 마음이 답답하거나 힐링이 필요할 때면 연필을 꺼내 스케치를 하고 좋아하는 색을 입히면서 나와 놀기를 합니다. 너무 잘하려고 하지 않아도 괜찮아요. 전문가가 아니어도 나 자신에게 주는 선물이라고 생각한다면 그리는 과정 자체가 기쁨으로 넘칠 거예요.

자, 이제 어반드로잉 테라피를 한번 해볼까요?

우리 동네, 회사를 오가는 길, 친구들과 자주 가는 도시나 근교, 혹은 여행 속에 발견한 아름다운 장소들…… 또 일상에서 발견한 인상적인 장면들까지 모두 그림에 담을 수 있어요. 연필과 스케치북만 있으면 그 순간 그곳에서 바로 스케치를 할 수도 있고요, 사진으로 찍어두었다가 나중에 그리는 방법도 있어요. 펜, 수채화 물감, 색연필, 오일파스텔, 아크릴, 사인펜 등 어떤 재료든 다양하게 사용할 수 있어요. 어반드로잉 테라피의 장점은 그림이 실제와 좀 다르다고 해서 고쳐야 한다거나, 다시 그릴 필요가 없다는 거예요. 그저 마음 가는 대로 표현해보세요.

벽돌이 꼭 빨간색이어야 한다거나, 하늘이 꼭 파란색이어야 한다는 공식은 없어요. 지금 내 눈에 보이는 그 느낌, 감정을 그대로 담아내기 때문에 같은 사진을 보고 그린 그림도 때에 따라 전혀 다른 색감으로 나올 수도 있답니다.

중요한 건 내 내면과 만나고 대화하는 거예요. 그것을 기록하는 것, 그것이 바로 어반드로잉 테라피에요. 때로는 스케치만 해도 되고, 때로는 색칠만 해도 되고, 때로는 간단하게 기록만 해도 괜찮아요. 뜻대로 잘 그려지지 않을 땐 그저 그곳을 바라보는 그 순간의 내 감정을 들여다보는 것만으로도 충분히 행복해질 거예요.

직접 해보기 🎨

1. 그리고 싶은 풍경 사진을 골라 밑그림을 그린다.
   구도를 생각하면서 차근차근 그려 나간다.

2. 굵은 선과 가는 선을 그릴 수 있는 유성펜을 골라 드로잉한다.

3. 복잡하게 생긴 사물은 특징만 잡아서 간단히 선으로 표현한다.
   명암을 넣고 펜으로만 완성해도 괜찮다.

4. 원하는 재료로 원하는 색을 칠해본다.
   원하는 색으로 전체를 채워도 되고, 강조하고 싶은 곳만 섬세하게
   칠해도 된다.

5. 어반드로잉을 완성한 후 날짜, 장소, 감정 등을 적어둔다. 간단한 단어
   를 적어도 된다.

나의 여행은
언제나 평화롭고 안전합니다.
가는 곳이 어디든
나의 모든 여행길에는
사랑하는 사람이 함께 있습니다.

나는 부자가 될 수 있는
사람일까?

'돈' 테라피

나는 젊었을 때 《탈무드》를 참 많이 읽었어요. 이런 얘기가 나오죠. 어떤 사람이 배를 타고 가는데 강을 건너지 못하면 죽는 거예요. 그런데 조그만 배가 너무 무거워 무언가를 버려야만 하는 거예요. 그래서 하나씩 버려야 하는데 가장 먼저 금은보화를 버렸어요. 그다음 다른 것, 다른 것, 그렇게 하나씩 하나씩 버리고 마지막에 남은 게 지식이었어요. 강을 모두 건넌 후 그는 부자가 될 수 있었어요. 금은보화는 버렸지만 지식이 있으니 사업을 해서 돈을 벌 수 있었던 거죠.

나는 탈무드를 읽으면서 돈은 지식을 얻기 위해서 필요한 것임을 알게 됐어요. 돈은 필요한 것이지만 그 돈을 가지게 해주는 것은 지식과 지혜예요. 그래서 이번에는 돈 테라피를 해보려고 해요. 돈에 대한 나의 생각을 점검해보는 테라피예요. 부를 얻기 위해서는 부에 대해서 내가 가진 생각을 잘 알고 있어야 해요. 자신을 속여서도 안 되고, 돈의 속성도 잘 알아야만 해요.

당신은 돈에 대해 어떻게 생각하나요? 나의 경우 돈은 많을수록 좋다고 생각해요. 한 천억 원쯤 있으면 좋겠어요. 나와 상담을 하러 온 어떤 사람은 '쓸 만큼 있으면 좋겠다'고 하더라고요. 그냥 불편하지만 않으면 좋겠다고요. 그런데 그분이 상담을 하러 온 이유는 돈이 너무 벌리지 않아서였어요. 결국 돈 때문에 사는 게 힘들고, 가진 게 없는 자신의 삶이 불만이어서 그걸 극복하고 싶어서 온 거였죠. 그런데 돈에 대해서 '쓸 만큼만 있어도 된다'고 하는 건 진짜 속마음이 아니었던 거예요. 속마음은 돈이 많으면 좋겠다고 생각하면서도 '돈을 밝히는 건 나쁜 거야.' 하는 생각이 있어서 그래요. 그래서 그는 돈에 대해 부정적인 생각을 긍정적으로 바꾸는 테라피를 했더니 "실은 정말 돈이 많으면 좋겠다."고 솔직하게 말하게 되었고, 돈에 대해 훨씬 자유로워지고 돈을 벌기 위해 무엇을 해야 하는지 스스로 발견하게 되었죠.

돈을 많이 벌고 싶은 건 절대 잘못된 것이 아니에요. 오히려 나 자신을 속이며 돈에 대해 회피하는 게 더 나를 반대 방향으로 보낼 수 있어요. 여기서 우린 내가 가진 돈에 대한 생각을 잘 파헤쳐보면서 직면해보도록 해요. 부정적인 생각이 긍정적으로 바뀔 수 있도록 될 때까지 해보면 좋아요.

테라피 방법

1. 돈에 관한 나의 생각을 적어라.
2. 돈에 관한 부정적인 생각을 점검하고 긍정적인 생각으로 바꿔서 적어라.
3. 느낀 점이나 나에 대해 새롭게 발견한 점을 적어라.

예시)

1	돈은 쓸 만큼만 있으면 된다.	돈은 넘치도록 있어야 한다.
2	돈을 밝히는 건 천박한 거야.	돈을 밝힐수록 인생이 밝혀진다.
3	돈이 많은 사람은 인간성이 별로야.	돈도 많고 인간성도 좋다.
4	돈은 벌기 힘들어 놀고 싶어.	돈을 즐겁게 벌 수 있다.
5	난 돈이 없어.	난 돈을 끌어당기는 힘이 있다.
6	돈이 없어서 아무것도 못 해.	돈이 많을수록 가치로운 일을 더 많이 할 수 있다.
7		

직접 해보기

	돈에 대한 나에 생각을 적어본다	긍정으로 바꿔본다
1		
2		
3		
4		
5		
6		
7		
8		
9		
10		

돈이 나에게 끌려옵니다.
내가 원하는 만큼
내가 꿈꾸는 만큼
내 손 안에, 내 삶 안에,
부가 이끌려옵니다.

잠자는 뇌를
활성화시켜주는

'종이접기' 테라피

어릴 적 재미나게 하던 종이접기를 기억하나요? 알록달록한 여러 색상의 색종이를 손끝으로 접어 개구리, 비행기, 배, 새…… 등을 만들었잖아요. 종이접기는 실제로 손끝을 많이 사용하기 때문에 아이들에게는 두뇌발달에 좋고 어른에게는 치매를 예방하는 데 탁월해요. 창조적이면서도 수학적인 응용력이 키워진답니다. 종이접기는 단순히 접는 행위뿐 아니라 접고, 오리고, 찢고, 붙이는 등 모든 활동이 포함돼요. 500원만 있으면 나만의 작품을 완성해낼 수도 있죠.

어릴 적 아들만 둘인 우리 집은 조용할 날이 없었어요. 아래층 분들이 아이들이 너무 떠든다며 올라왔는데 아이들을 조용히 시킬 방법이 없는 거예요. 방법을 찾다 동화책을 읽어주고 종이접기를 가르쳐줬는데 금세 집중하면서 아이들이 좋아했어요. 두뇌도 발달이 되고 표현력도 좋아지는 걸 느낄 수 있었어요. 나 역시 아이들과 함께 흠뻑 젖어 종이접기를 했는데, 그러다 보니 손끝에 재주가 있다는 걸 알게 되었고, 주변에서도 많은 칭찬을 얻게 됐어요. 그래서 어느새 자격증 과정에 들어가고 선생님이 되어 아이들과 어른들을 가르쳐 주게 되었어요. 집중해서 작품을 만드니 완성된 것을 볼 때의 기쁨은 정말 큰 힐링이 되더라고요. 사람들과 함께 종이접기를 할 때면 나 역시 치유가 되는 걸 느껴요.

그저 종이를 접는 일에 불과하지만 이렇게 나와 놀기를 하다 보면 시간이 가는 줄도 몰라요. 작품을 만드는 데 집중하는 과정 자체만으로도 스트레스 해소에 많은 도움이 된답니다. 또 열정을 쏟고 내 생각을 표현하는 활동은 뇌에도 큰 활력이 되어줘요.

우리는 이번에는 '종이접기 테라피'로 나만의 꽃밭 만들기를 해볼 거예요. 17세기 네덜란드 귀족들은 정원을 통해 자신의 부와 교양을 과시했다고 해요. 왕관을 닮은 꽃봉오리, 쭉 뻗은 잎사귀를 가진 기품 있는 튤립은 그들의 정원에 단골이었죠. 귀족들은 희귀한 튤립을 부의 척도처럼 여기고 이를 자신의 정원에 두어 꾸미곤 했어요. 이렇게 튤립뿐 아니라 갖가지 꽃들로 정원을 꾸밈으로써 부를 과시했던 거죠.

물론 우리가 할 정원 꾸미기는 이것과는 의미가 조금 달라요. 하지만 나의 충만한 마음의 부를 정원 속에 마음껏 쏟아낼 수는 있겠죠. 내가 만드는 꽃, 내가 꾸미는 정원은 내 마음속 부의 표현이에요. 흩어져 있던 내 마음의 꽃들을 한곳으로 모아 꽃밭을 만들어줘요. 세상 만물은 내 것인데 이것을 사용하는 건 내 마음이죠. 그러니 더 예쁘고 아름답게 만들어보기로 해요. 그리고 작품이 완성되면 이 꽃밭이 내게 어떤 의미가 있는지도 한번 생각해보도록 해요. 내 안의 생명력이 끌어내지는 행복한 경험을 할 수 있을 거예요.

테라피 방법 🎨

1. 튤립과 잎사귀를 접어봅니다.

2. 예쁜 스티커를 이용해 꽃과 잎사귀를 붙이세요.

3. 색연필로 나만의 꽃밭을 꾸미세요.

4. 꽃밭에 이름을 적어주세요.

꽃 접는 법

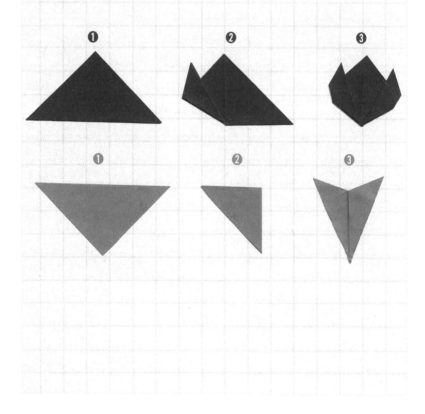

잘 웃는 사람
잘 쉬는 사람
잘 자는 사람
잘 먹는 사람

그게 바로 나!

긍정 에너지를 잔뜩
불어넣어주는

'행복찾기' 테라피

"모든 인간은 자기 마음속에 있는 만큼의 행복을 누린다."

에이브러햄 링컨이 한 말이에요. 1990년, 나는 결혼을 하고 무척 힘든 일들을 많이 겪었어요. 우울증으로 하루하루가 힘들었죠. 하지만 슬픔, 우울, 억울함, 분노, 죄책감의 끝은 죽음이었어요. 내게 주어진 삶을 제대로 살아보지도 못한 채 죽음을 선택하고 싶지는 않았죠. 그래서 난 긍정, 행복, 기쁨, 건강, 모두가 잘사는 것을 선택하기로 했어요. 지금 생각해보면 그 선택이 얼마나 감사하고 행복한 것인지 몰라요. 그날로부터 나는 항상 긍정 언어, 확언, 행복한 상상을 통해 삶을 꾸려왔고 지금 이렇게 이 책을 쓰고 있어요. 많은 사람들과 행복해지는 방법을 나누고 있어요. 또 매일 나와 놀며 더욱 아름다운 삶을 그려가요.

오늘 하루만 온전히 이 하루를 위해 살리라.

오늘 하루만 기쁘게 살리라.

오늘 하루만 나를 변화시켜 남에게 맞춰주리라.

오늘 하루만 계획을 세워서 살리라.

오늘 하루만 용감하리라.

오늘 하루만 잘 살리라.

오늘 하루만 즐겁게 살리라.

오늘 하루만 행복하리라.

매일 이렇게 확언하면서 조금씩 삶이 변화되는 걸 느꼈어요. 그리고 깨달았어요. 행복도 연습을 해야 내게 온다는 것을. 그냥 살아가면 그것이 행복인지 아닌지 몰라요. 나는 그때부터 내게 주어진 모든 행복을 꼭 잡고 감사하기로 했어요. 내 마음이 행복을 갈구하자 행복이 내게 와주었어요. 행복은 불평, 불만, 부정적인 생각을 좋아하지 않아요.

좋지 못한 생각들은 교묘하게 스며들어 미래에 대한 두려움을 만들어냅니다. 이런 것들을 밀어내고 긍정적인 생각으로 바꾸는 건 모두 나의 선택에 달려 있어요. 당신은 어떤 선택을 하시겠어요? 가끔 너무 힘이 들 때는 나의 문제에서 좀 떨어져 이 자체를 제3자의 입장으로 보면 문제가 좀 쉬워지고 금방 해답을 발견하기도 해요. 우린 최대한 행복과 가까이하면서 불행을 선택하지 않아야 해요. 그러기 위해서 긍정 언어를 통해 긍정 에너지를 받는 행복 테라피는 많은 도움이 된답니다. 한번 해볼까요?

테라피 방법

다음 긍정 언어 표에서 10가지를 추려보세요. 그런 다음 그 단어와 관련된 나의 스토리를 적어보는 거죠. 예들 들어, '기쁨'에 체크했다면 기쁨과 관련된 나의 스토리를 적어봅니다. '나는 기쁩니다. 나는 칭찬을 받을 때 기쁩니다.' 이런 식으로요. 세 가지 정도 스토리를 적어봅니다. 모두 적어보았다면 이번에는 각각의 긍정 언어에 '~한 사람이다'를 붙여 문장을 만들어봅니다. '나는 기쁜 사람이다.' '나는 감사하는 사람이다.' '나는 지혜로운 사람이다.'처럼요. 마음에 드는 것을 3개 혹은 5개 정도를 뽑아 이렇게 만든 다음, 매일 아침 명상 시간에 이 말들을 되뇌어봅니다. '나는 똑똑하다.' '나는 지혜롭다.' '나는 사랑스럽다.' '나는 훌륭하다.' '나는 복이 많다.' '나는 멋지다.' '나는 운이 좋다.'……. 이 말들은 보편적인 말들이지만 내가 찾았던 나의 단어이고 나의 이야기가 담겨 있기에 훨씬 와닿습니다. 이렇게 10가지를 찾아 만들고, 외워서 매일 아침 되뇌면 어느새 행복이 가까이 와 있는 걸 느끼게 됩니다.

1. 다음 긍정 언어 표에서 10개의 단어를 찾는다.

긍정 언어 표

기쁨	감사	정의	우정	열정	유연성	믿음	소망	꿈	희망
봉사	창의성	이해	인내	끈기	극복	청결	정리	정돈	겸손
초연	근면	인정	충성	유능함	소신	자율성	친절	신뢰	신용
평화	예의	헌신	명예	용기	창의적	용서	존중	협동	목적
화합	목표	진실	확신	책임감	의무감	탁월함	안정	특별함	무난함
지혜	지식	통찰	현명	초월성	감수성	자유	건강	배려	휴식
의지	능력	공감	경청	긍정	행복	성공	일	관계	사랑
믿음	무한대	가능성	즐거움	수용	행동	실천	유머	조화	귀한 존재

2. 찾은 단어에 해당하는 나의 스토리를 적어본다.

예 : 꿈? 나는 부자가 되는 꿈을 꾼다.

자유? 나는 나의 삶을 자유롭게 선택한다.

_____

_____

_____

3. 이 긍정 언어를 '~한 사람이다'로 만들어본다.

예 : 나는 부유한 사람이다.

나는 내 삶을 자유롭게 선택할 수 있는 사람이다.

4. 이 단어로 나의 이야기를 완성한다.

예 : 나는 부자다. / 나는 자유로운 사람이다.

5. 10개의 문장을 외우고 매일 아침 명상할 때마다 되뇌인다.

오늘도 잘했어

내일도 잘할 거야

나는 항상 나를 칭찬합니다.

나는 항상 나를 지지합니다.

나는 항상 나를 응원합니다.

인생을 다시 살게 하는

'웰다잉' 테라피

살다 보면 앞이 캄캄하고 정리가 되지 않고 무엇을 해야 할지 모를 때가 있어요. 믿었던 사람으로부터 배신을 당하기도 하고, 수치심으로 견디기 힘들 때도 있고, 나를 위로하고 격려하고 토닥여도 잘 나아지지 않을 때, 저는 이런 생각을 해봅니다.

만약 내일 세상이 끝난다면 어떻게 될까?
일주일 후에 내가 세상을 떠난다면?
지금 당장 난 무엇을 할까?
내가 원하는 것, 이루고 싶은 건 무엇일까?

이 생각에 대한 답을 적어나가다 보면 어느새 걱정이 사라지고 정리가 될 때가 있어요. 《모리와 함께한 화요일》이란 책에 보면 "어떻게 죽어야 할지를 배우면 어떻게 살아야 할지도 알게 된다."는 말이 나와요. 생의 마지막을 만나보면 생의 시작도 보인다는 거죠.

그래서 이번에는 우린 죽음에 대한 테라피를 해보려고 해요. 이렇게 테라피를 하는 시간은 온전히 나의 것입니다. 그 무엇도 나의 이 소중한 시간과 행복을 방해할 수 없어요. 진정으로 나를 알고 사랑하고 원하는 삶을 살아가세요. 당신은 이미 육체적으로 정신적으로 영적으로 완전한 존재입니다. 나와 잘 놀아주는 사람은 타인과도 잘 놀며 배려하고 사랑할 줄 압니다. 특히 죽음 테라피는 많은 걸 깨닫게 해줍니다. 나 역시 이 테라피를 통해 특별한 경험들을 했어요. 미치 앨봄은 이렇게 말합니다.

사실, 내 안에는 모든 나이가 있네
세 살이기도 하고
다섯 살이기도 하고
서른일곱 살이기도 하고
쉰 살이기도 해.

그 세월들을 다 거쳐 왔으니까.
그때가 어떤지 알지.
어린애가 되는 것이 적절할 때는 어린애인 게 즐거워
또 현명한 어른인 것이 기쁘네

어떤 나이든 될 수 있다는 것을 생각해보라구!

지금 이 나이에 이르기까지 모든 나이가 다 내 안에 있어

이해가 되나?

우리는 여기서 내 인생의 마지막을 경험해볼 거예요. 죽음을 배운다면 잘사는 법을 배우게 될 거예요. 그 어느 때보다 진지하게, 이 시간을 가져보길 바랄게요. 누구보다 행복해질 당신을 믿어요.

테라피 방법

1. 내가 정말 하고 싶은 일 적어보기

인생에서 남은 시간이 (1일, 1주일, 1달, 1년)뿐이라면 무엇을 해야 할까? 우선순위를 정해서 아래 표를 채워보자.

우선순위	남은 시간	하고 싶은 일	아쉬웠던 일	감사한 일
1				
2				
3				
4				
5				
6				
7				
8				
9				
10				

다음 질문에 대한 답을 빈칸 속에 채워보자.

내일 세상이 끝난다면 나는 지금 이순간부터 무엇을 할 것인가?

살아있는 동안, 꼭 해내고 싶은 일은 무엇인가?

2. 묘비명 적어보기

예시를 참고하여 나의 묘비명에 들어갈 글귀를 적어본다.

예시)

소설가 미셸 투르니에의 묘비명

내 그대를 찬양했더니
그대는 그보다
백 배나 많은 것을
내게 갚아주었도다
고맙다, 나의 인생이여!

소설가 로버트 루이스 스티븐슨 묘비명

드넓고 별이 총총한 하늘 아래
무덤을 파고 나를 눕혀다오
즐겁게 살았고 또한 기꺼이 죽노라.
유언을 남기고 나 눕는다.

날 위해 다음과 같이 묘비에 새겨다오:
여기에 그토록 원하던 곳에 그는 누워 있다.
뱃사람이 바다로부터 고향집에 돌아오듯
사냥꾼이 산에서 집으로 오듯이.

묘 비 명

3. 마지막으로 전할 메시지 적기

마지막으로 주변 사람들에게 남길 말들을 적어봅니다. 마음속에 있던, 진짜 하고 싶은 말을 써보면 내 마음을 정리할 수 있습니다.

동반자에게

형제, 자매에게

친구에게

자식들에게

손자, 손녀들에게

Part 3

왜 그렇게
행복하냐고
묻는
사람들에게

저는 한 가지 강한 무기를 갖고 있어요.
바로 언제든 행복해지는 방법,
아무리 힘들고 슬퍼도
그것을 뛰어넘을 수 있는 방법.
바로 '나와 놀기'를 할 수 있다는 거예요.

행복을 묻는 사람들에게

사람들은 제게 묻습니다. 어떻게 그렇게 항상 즐거워 보이냐고요. 정말 난 항상 즐겁기만 한 걸까요? 아니요, 꼭 그렇지만은 않아요. 저도 때로는 슬프고 우울하고 힘이 들어요. 하지만 저는 한 가지 강한 무기를 갖고 있어요. 바로 언제든 행복해지는 방법, 아무리 힘들고 슬퍼도 그것을 뛰어넘을 수 있는 방법. 바로 '나와 놀기'를 할 수 있다는 거예요.

인간이 가장 행복할 때는 언제일까요? 저는 그것이 바로 '나를 알고, 이해하고, 사랑할 때'라고 생각해요. 그럼 반대는 언제일까요? '나를 모르고, 내가 이해되지 않고, 내가 미울 때' 우리는 슬픔을 느껴요. 다른 사람이 나를 인정해주지 않나요? 관계 때문에 힘이 드나요? 일이 뜻대로 되지 않나요? 걱정거리가 산더미처럼 쌓여 있나요? 일을 이렇게 만든 내가 밉고 싫은가요……. 그럴 수도 있어요, 괜찮아요. 모두 지나갈 거예요. 그리고 우린 언제나 다시 시작할 수 있어요.

이 사실을 알면서도 선뜻 앞으로 잘 나아가지 못할 때, 어쩐지 기분이 나아지지 않을 때, 그때 이 책을 펼쳐 들어요. 아무 페이지가 한 곳을 펼치고 나를 위한 힐링 시간을 가져봐요. 말 그대로 '테라피'는 치료를 한다는 뜻이에요. 바로 상처받고 답답한 나의 마음을 치료한다는 말이에요. 우리는 살면서 많은 실수를 저지를 수 있어요. 또 다른 사람 때문에 일이 실패로 돌아갈 수도 있어요. 그러나 그 지점에 머물러 있으면 우리의 감정은 자꾸만 부정적인 미래를 떠올리게 돼요. 그러면 난 세상에서 가장 불행하고 못난 사람이 되어버리죠.

그것을 회피하라는 말이 아니에요. 내가 왜 그런 감정을 느끼는지, 내 감정에 대한 감정은 무엇인지, 나와 놀기를 통해 그걸 발견해보라는 뜻이에요. 알면 이해할 수 있고, 이해하면 다독여줄 수 있어요. 실은 우리는 타인의 말을 듣는 것보다 나 자신의 말을 듣는 데 참 서툴답니다. 내 마음이 혹은 몸이 혹은 생각이 무슨 이야기를 하고 있나요? 그 이야기에 귀를 기울여본 적이 있나요? 만다라를 그리고, 종이를 접고, 나의 과거 사진을 보고, 또 나의 인생 그래프를 그리면서…… 내가 어떤 사람인지, 과거 혹은 현재에 어떤 상처가 있는지, 또 어떤 미래를 꿈꾸고 있는지 우리는 세세하게 살펴볼 수 있어요. 그리고 저 깊은 내면의 이야기를 들어볼 수 있어요. 누군가 아프거나 힘들 때 그 이야기를 누군가에게 털어놓는 것만으로도 얼마나 위로가 되나요. 나 자신도 마찬가지예요. 그렇게 나의 이야기를 스스로 털어 놓아봐요. 그것만으로도 큰 위로가 된답니다.

저는 무척 행복한 사람이에요. 매일 아침 긍정 확언으로 나 자신에게 에너지를 부여합니다. 그리고 날마다 나와 놀기를 통해 내면의 이야기를 들어줍니다. 나는 매일 나를 위로하고 또 사랑합니다. 그런 나로 인해 내 주변이 더욱 밝아지고, 나로 인해 모두 힘을 얻는 것을 느낍니다. 이것이 바로 내가 행복한 비결입니다.

세상에서 가장
위대한 자기계발

서점에 가보면 자기계발서 판매대에는 수많은 책이 나와 있어요. 저도 독서를 좋아해서 자주 서점에 가고 또 책을 사서 아침 혹은 시간이 날 때마다 읽곤 합니다. 책을 읽을 때는 밑줄을 긋거나 책에 낙서나 메모를 하기도 하고, 노트에다 생각나는 것들을 써보기도 해요. 또 좋은 글귀들은 따로 옮겨서 적어놓기도 하죠. 독서는 그 자체로도 엄청난 힐링이며, 이 역시 나와 놀기의 좋은 방법 중 하나에요.

특히 자기계발서들은 우리에게 좋은 마인드와 습관을 심어주는 데 큰 기여를 합니다. 저는 자기계발서를 읽으면서 삶의 방향을 찾기도 했어요. 성공을 위해서, 행복을 위해서, 부를 위해서…… 내가 어떤 마인드를 가져야 하는지, 돈이나 성공, 사람을 바라보는 관점을 어떻게 바꾸어야 하는지 많이 배웠죠. 책은 이미 그러한 경험을 한 사람들의 이야기를 통해 간접경험을 하게 해줍니다. 저는 그들을 직접 만나지는 못하지만 그들 한 사람 한 사람의 삶을 들여다보고 느끼고 또 상상해봅니다. 그들의 위대한 여정을 보면서 큰 영감을 받고 또 변화가 필요한 부분에 있어서는 강한 다짐과 계획을 세워보기도 합니다.

그런데 이렇게 책을 통해서 하는 자기계발 외에 또 다른 자기계발이 있어요. 그게 뭐냐고요? 바로 '나와 놀기'입니다. 어떤 유명한 CEO가 그런 이야기를 했어요. 자신이 가장 많은 시간을 할애하는 자기계발은 바로 "나의 내면을 들여다보는 것"이라고요. 그 말에 참 공감했어요. 자신을 들여다보는 시간은 아무리 길어도 지루하지 않아요. 오히려 몰랐던 나의 모습을 발견할 때마다 '내게 이런 모습이 있었구나!' 하고 놀라곤 하죠. 나에 대해 알아가는 시간은 그야말로 '자기계발'의 시간이에요. 그리고 저는 이야기합니다. 그것이 우리에게 주어진 가장 위대한 자기계발이라고 말이죠.

나와 놀기는 저에게 기적을 선물해주었습니다. 단순히 기분을 좋아지게 하는 활동이 아니라 부정 에너지를 긍정 에너지로 바꾸고, 삶의 흐름을 완전히 바꾸어놓았어요. 나를 잘 몰랐을 때는 삶이 무겁고 힘겹게만 느껴졌지만, 나를 점점 알아가면서 내가 왜 살아야 하는지 그리고 어떻게 살아야 하는지를 이해하게 되었어요. 소중한 가족, 주변의 사랑하는 사람들, 그리고 내가 이 생애에 무엇을 하며 어떻게 살아가야 하는지가 잘 보이기 시작했어요. 나는 무엇을 좋아하는지 무엇을 힘겨워하는지를 알면 불행한 시간을 줄일 수 있어요. 혹 불행이 닥친다 하더라도 어떻게 극복해야 할지 금방 답을 찾을 수 있죠.

처음엔 삶의 발버둥이었지만 나중엔 삶의 활력이 되었고 이젠 행복한 삶을 위한 도구이자, 훌륭한 자기계발이 되었어요. 우리는 살면서 타인과 많은 시간을 보내지만, 이젠 나와 노는 시간을 가져보는 건 어떨까요. 바쁘다는 핑계로, 귀찮다는 이유로 혹시 나를 그저 내버려두진 않았나요? 나를 가장 잘 알고 가장 잘 위로할 수 있는 사람은 나인데, 혹시 그런 나를 그냥 외면하진 않았나요? 내가 하고 싶은 것을 알아야 미래를 설계할 수 있는데, 그저 하루하루 주어진 삶을 꾸역꾸역 살아내면서 '왜 이렇게 힘들지.' 하고 푸념한 적은 없었나요.

오늘부터 매일 조금씩 짬을 내어 나를 챙겨보세요. 그리고 내가 정말 원하는 것에 귀를 기울이고 그대로 살아보기로 약속해요. 나에게 시간을 투자하고, 내가 원하는 것을 이루는 삶을 상상해봐요. 여행을 좋아하나요? 그럼 여행 계획을 세워봐요. 가장 행복했던 순간은 언제인가요? 그날을 떠올리며 기록해봐요. 내가 가장 좋아하는 색깔은 무엇인가요? 그 색의 의미에 대해 알고 있나요?

우리는 생각보다 나 자신에 무심한 경우가 많답니다. 이제 나와 놀기를 통해 위대한 자기계발을 해보세요. 타인의 간접 경험이 아닌 나 자신을 파고드는 직접적인 경험은 놀라운 깨달음과 행복감을 선사해줄 거예요. 내가 그랬던 것처럼 말이에요.

세상에서 가장 나를 잘 아는 사람은
바로 나입니다.
세상에서 가장 가까운 내 편은
바로 나입니다.
세상에서 가장 친한 친구는
바로 나입니다.
나는 그런 내가 가장 좋습니다.

인생은 마지막까지
나와 함께 노는 여정이에요

이번에 지인의 죽음을 통해 아픔을 겪으면서, 죽음과 관련된 테라피를 해보게 됐어요. 그 과정을 통해 나의 인생에 대해 다시 돌아보게 되었죠. 잘 죽는다는 것은 잘 산다는 것과 같다고, 미치 앨봄은 이야기했어요. 죽음을 경험해보지 않은 사람은 잘 모르겠지만 저는 한 번의 커다란 경험을 통해 그것이 삶에 대해 새로운 생각을 가지게 한다는 걸 깨달았어요. 죽음에 한 번 이르러본 사람은 삶을 새롭게 바라보게 되죠. 저도 그랬어요.

나에게 시간이 얼마 남지 않았다면 나는 무엇을 할까. 또 나의 유언장 속에 들어가야 할 내용들은 무엇일까. 나의 묘비명에는 무엇을 남길까. 사랑하는 사람들 누구에게 어떤 말을 남기고 죽을까. 이런 것들을 떠올려보니 나도 모르게 눈물이 나고 가슴이 뭉클해졌어요. 좀 더 행복하게 잘 살고 싶었다는 생각, 그리고 조금 더 나를 위해 하고 싶은 것들을 해보고 싶었다는 생각들이 들기도 했고, 사랑하는 사람들과 함께 더 많은 시간을 보냈다면 좋았을 텐데…… 하는 생각이 들기도 했어요. 삶은 아무리 열심히 살았다 해도 후회는 남기 마련인가 봐요.

그러나 한 가지 가장 잘한 것은 누구보다 나 자신을 들여다보기 위해 노력했다는 것. 나와 놀기를 하면서 나를 잘 다독이며 살았다는 사실이었어요. 그리고 이런 생각이 들었어요. 어쩌면 인생이란 마지막까지 나와 함께 노는 여정이 아닐까. 결국 떠나는 시점이 되었을 때 남은 사람은 또 각자의 몫을 다해 살아갈 테니까요. 자신을 가장 위할 수 있는 사람, 자신을 가장 잘 돌볼 수 있는 사람은 역시 나 자신이기에 우리는 나와 놀기를 잘해야 해요. 그래야만 후회 없이, 조금이라도 더 행복한 삶을 살 수 있어요.

이렇게 간단하고 당연한 이야기이지만 우린 참 그러지 못하고 살죠. 특히 나처럼 돌봐야 할 가족이 있는 경우 우리는 자신 돌보기를 까맣게 잊어버리고 살아요. 주변을 챙기다보면 '오늘 내가 밥을 먹었나?' 하고 나 자신에 대해선 챙기지 못할 때가 부지기수죠. 처음엔 잘 모르지만 그런 일들이 쌓이다보면 마음속에 서러움, 우울감이 자리 잡아요. 이렇게 노력하고 있는데 아무도 알아주지 않는 것 같을 때 우린 더 속상함을 느끼죠.

그러나 서운해하지 말아요. 인생은 어차피 나 자신과 함께 노는 여정이라고 이야기했잖아요. 타인은 내 삶의 조연들이고, 내 삶의 주인공은 나예요. 나는 내 삶이라는 드라마에 가장 빛나야 하는 사람이며, 가장 조명받아야 하고, 또 내 마음대로 얼마든지 선택하고 살아갈 수 있는 당당한 권리를 가지고 있어요. 그러니 즐겨봐요. 누구를 위해서 무언가를 하는 선택조차도 우리가 좋아서 하는 것, 그래서 행복한 일, 나 자신을 위해서 하는 것이라고 생각해봐요. 만약 그러지 못하다면 억지로 참지 말고 내 마음의 소리를 들어봐요. "힘들어?" "뭐가 그렇게 힘들어?" "어떻게 하면 좋겠어?" 억지로 이런 말들이 나오지 않는다면 그땐 나와 놀기를 해보는 거예요.

우리가 아이들과 놀아줄 때 어떻게 하나요? 많은 걸 물어보고, 좋아하는 걸 챙겨주고, 마음을 채워주기 위해 애쓰잖아요. 최대한 재미있게 놀고 싶어 하잖아요. 그것처럼 나와 놀아주는 거예요. 내가 좋아하는 것, 원하는 것에 초점을 맞추고 잠시나마 세상 최고의 선물인 나를 돌봐주세요. 그러면 나는 금세 행복해지고, 금세 괜찮아지고, 금세 상처가 아물어가기 시작합니다. 그 시간을 내지 못해 우리는 깊은 상처로 곪아지고, 우울해지는 거예요.

삶은 결국 나와 놀아주는, 나를 행복하게 해주기 위해 주어진 시간이라면 이제 어떻게 하겠어요? 이 여정을 지루하고 외롭게 보낼 건가요? 아니면 활기차고 즐겁고 신나게 보낼 건가요? 선택은 당신에게 달려 있어요.

내 삶의 주인공은 나예요.
나는 내 삶이라는 드라마에
가장 빛나야 하는 사람이며,
가장 조명받아야 하고,
또 내 마음대로 얼마든지 선택하고
살아갈 수 있는
당당한 권리를 가지고 있어요

당신은 원래
무엇이든 할 수 있어요

창의력이 가득 차 있습니다. 그 사실을 모른 채 잦은 실수와 실패 앞에 "난 못해." "난 안 돼." "모르겠어." 하는 말을 함부로 내뱉곤 하죠. 하지만 우린 실제로 충분한 가능성을 가지고 태어난 존재입니다.

오늘의 나는 과거에 내가 생각하고 선택하고 행동하고 말한 것으로부터 빚어진 모습이에요. 그렇다면 오늘이 쌓여 바로 나의 미래가 된다는 뜻이겠죠. 내가 나 자신을 모든 것이 가능한 존재, 모든 것을 이룰 수 있는 존재, 빛나는 존재, 멋진 존재로 여기며 실수와 실패를 거뜬히 극복하고 앞으로 나아간다고 믿는다면 나의 미래는 어떻게 될까요? 또 그런 말과 선택과 행동을 해나간다면 나의 미래는 어떻게 될까요? 내가 원하고 그리는 모습 그대로 우리의 미래는 이루어집니다.

얼마 전 과거로부터 써내려온 노트를 쭉 들여다보니 내가 삶의 여
정을 통해 이루고 싶었던 리스트들의 대부분이 현실이 되어 있는 걸
발견했어요. 나는 집도 갖고 싶었고 경제적으로 여유롭고 싶었고 또
내가 좋아하는 것들을 마음껏 배우고 나누는 일을 하고 싶었는데 어
느새 내가 그런 모습으로 살고 있는 것을 보면서 정말 놀랐답니다.
만약 나 자신을 소심한 나, 아무것도 할 수 없는 나, 모든 것에 서툰
나로 생각하고 위축된 모습으로 선택을 해왔다면 지금의 나는 어떻
게 되었을까요. 생각만 해도 아찔해요.

우리가 꿈꾸는 대로 삶을 이루는 비결은 단 하나, 바로 그 삶을 그
리고 상상하는 거예요. 그리고 실제로 그 삶이 이미 이루어졌다고 믿
는 거예요. 내 안에는 놀랍도록 위대한 능력들이 가득해요. 내 안에
무엇이 있는지 들여다보지 못한다면 그것을 꺼내어 쓸 수도 없겠죠.
아기였던 나는 걷게 되었고, 뛰게 되었고 이렇게 성장했어요. 얼마나
기적 같은 일인가요?
　우린 그런 기적을 이루어왔어요. 그러니 앞으로도 얼마든지 내가
상상하는 것, 꿈꾸는 것을 이룰 수 있어요. 지금 환경이 너무 막막하
다 하더라도 그건 과정에 불과해요. 실패는 없어요. 성공을 향한 과
정만 있을 뿐이죠. 나도, 당신도. 우린 무엇이든 할 수 있는 존재에
요. 과거에도 그랬고 지금도 그래요. 다른 사람들이 나를 인정해주지
않는다고 낙심하지 말아요. 나를 가장 잘 인정해줄 수 있는 존재, 바

로 나 자신이 있으니까요. 내가 나를 인정하지 않는다면 아무리 타인이 나를 칭찬하고 알아준다 하더라도 언젠가는 공허해지게 되어 있어요. 우리에게 가장 먼저 필요한 것은 바로 나 스스로 나를 알고 칭찬하고 인정하는 일이랍니다.

사랑도 마찬가지에요. 나에 대한 사랑이 가득 차 있을 때 비로소 우리는 타인을 향한 진정한 사랑을 줄 수 있게 됩니다. 나에 대한 사랑이 없는 타인에 대한 사랑은 언젠가는 고갈되어 버릴 거예요. 하지만 나에 대한 사랑은 무한하고 충만하기에 타인을 향한 사랑 또한 크고 빛날 수 있어요. 그러니 지금부터라도 나를 가장 사랑하기로 해요.

지금까지는 그러지 못했다 하더라도, 지금부터는 달라질 수 있어요. 당신은 원래 모든 것이 가능한 존재였으니까요. 그런 당신을 믿어요.

나는 실패와
두려움을
인정합니다.
나는 현실
그대로를 받아들입니다.

나와 놀아주기 체크리스트

(매일매일 쓰면 다 이루어지는 나와 놀기 계획표)

2020

나의 1년 목표	작가 되기/ 책 출판
이달의 목표	책 마무리하기
나의 현재 상태는?	과중한 업무로 운동을 못하고 있다/ 스트레스 상태이다.
내가 정말 원하는 것은?	건강하고 행복해지고 싶다/ 책 마무리 짓하고 싶다.
내가 지금 할 수 있는 것은?	잠시 시간을 내서 30분 정도 스트레칭이라도 해야겠다/ 잠시 쉬고 긍정 명상을 하고 편안히 작업한다.
나에게는 어떤 자원이 있는가?	긍정적인 사고와 끝까지 포기하지 않는 인내력이 있다.

		1	2	3	4	5	6	7	8	9	10	11	12	13	14	15	16	17	18	19	20	21	22	23	24	25	26	27	28	29	30
1	일어나자마자 긍정 확언	O	O	O		O	O	O	O	O	O	O	O	O	O		O	O	O	O	O	O	O	O	O	O	O	O	O		O
2	꿈 상상하기	O	O			O	O	O	O	O	O	O	O	O	O						O	O					O				
3	좋은 음식 먹기	O						O	O	O	O	O	O	O	O	O					O	O					O				
4	운동 (걷기, 등산)	O		O									O	O	O	O	O					O					O			O	
5	글쓰기, 독서,	O				O	O	O	O	O	O	O	O	O	O	O		O				O					O				
6	그림 그리기	O		O		O	O	O	O	O	O	O	O	O	O	O		O	O	O							O				
7	나와 놀기 테라피	O	O	O		O	O	O	O		O	O	O	O	O	O						O			O		O	O	O	O	
8	1일 1 행복 찾기	O				O		O		O	O	O	O	O	O	O						O	O	O			O				
9	감사일기	O				O		O		O			O	O													O				
10	잠들기 전에 감사기도	O			O			O	O							O		O	O	O	O		O		O	O	O	O	O	O	O

2021

나의 1년 목표	
이달의 목표	
나의 현재 상태는?	
내가 정말 원하는 것은?	
내가 지금 할 수 있는 것은?	
나에게는 어떤 자원이 있는가?	

		1	2	3	4	5	6	7	8	9	10	11	12	13	14	15	16	17	18	19	20	21	22	23	24	25	26	27	28	29	30
1	긍정 확언																														
2	목표 상상																														
3	건강																														
4	음식																														
5	독서																														
6	나와 놀기																														
7	감사일기																														
8																															
9																															
10																															

1년 계획표

(인생 타임라인)

예시

1	행복했던 일(기뻤던 일)	큰아들이 취직이 되어서 기뻤다. 작은아들이 하는 일이 잘 되어서 행복했다.
2	불행했던 일(괴로웠던 일)	코로나로 힘든 한 해였다. 시누이가 교통사고로 사망해서 괴로웠다.
3	고마웠던 일(감사했던 일)	그럼에도 불구하고 어려운 시기에 가족들 건강하게 잘지내서 고마웠다. 나만의 시간을 가져서 감사했다.
4	잘 되었던 일(패턴)	감사하게 생각하면 늘 잘되었다.
5	잘 안되는 일(패턴)	불안하고 초조하면 더 안 되었다.
6	현재 내 모습은	건강하고 행복한 상태다 or 스트레스 상태다
7	1년 목표 (인생 목표)	책 출판(건강하고 행복하게 꿈을 이루고 싶다.)
8	1년 목표의 목적 (인생 목표의 목적)	책이 많은 사람들에게 도움이 되었으면 좋겠다. (나는 소중하고 귀한 존재이므로 행복하게 살고 싶다.)
9	1년 후 미래 (10년 후 미래)	책 강의로 바쁜 시간을 보낸다. (모든 꿈을 이루고 건강하게 잘 살고 있다.)
10	상상 그 이상의 미래 (생각지도 못한 미래)	로또에 당첨됐다. 백만장자가 되었다. (^^)전 세계에 베스트셀러가 돼서 개인용 전용기를 타고 강의하러 다닌다 (히히히)
11	상상조차 하고 싶지 않은 미래	아파서 죽는다. 너무 끔찍하다.
12	나는 어떤 인생을 살았는가	잘 살았다. 정말 열심히 살았다. 후회하지 않으려고 최선을 다했다.
13	현재 나에게 하고 싶은 말은?	지금 이대로도 충분해, 넌 니 모습 그대로도 충분해. 고생했어. 수고했어. 토닥토닥.
14	새롭게 알게 된 것은	모든 게 감사하다는 거. 무엇보다 건강이 정말 중요하고 하루하루가 정말 소중하고 귀한 시간이라는 거. 특히 나 자신이 너무나 귀한 존재이고 충분하다는 사실이 마음을 안정되고 편안하게 해준다.

1년 계획표

(인생 타임라인)

1	행복했던 일(기뻤던 일)	
2	불행했던 일(괴로웠던 일)	
3	고마웠던 일(감사했던 일)	
4	잘 되었던 일(패턴)	
5	잘 안 되는 일(패턴)	
6	현재 내모습은	
7	1년 목표 (인생 목표)	
8	1년 목표의 목적 (인생 목표의 목적)	
9	1년 후 미래 (10년 후 미래)	
10	상상 그 이상의 미래 (생각지도 못한 미래)	
11	상상조차 하고 싶지 않은 미래	
12	나는 어떤 인생을 살았는가	
13	현재 나에게 하고 싶은 말은?	
14	새롭게 알게 된 것은	

* 스포츠멘탈코칭연구소 타임라인 응용함

1년 계획표
(인생 타임라인)

1	행복했던 일(기뻤던 일)	
2	불행했던 일(괴로웠던 일)	
3	고마웠던 일(감사했던 일)	
4	잘 되었던 일(패턴)	
5	잘 안 되는 일(패턴)	
6	현재 내모습은	
7	1년 목표 (인생 목표)	
8	1년 목표의 목적 (인생 목표의 목적)	
9	1년 후 미래 (10년 후 미래)	
10	상상 그 이상의 미래 (생각지도 못한 미래)	
11	상상조차 하고 싶지 않은 미래	
12	나는 어떤 인생을 살았는가	
13	현재 나에게 하고 싶은 말은?	
14	새롭게 알게 된 것은	

* 스포츠멘탈코칭연구소 타임라인 응용함

참고문헌

· 김번영(2020). 《이야기치료의 원리와 실제》. 학지사
· 스튜어트 브라운·크리스토퍼본 지음, 윤미나 옮김, 황상민 감수(2014). 《플레이, 즐거움의 발견》. 흐름출판
· 김민용·김지유 공저(2011). 《푸드표현예술치료 이해와 실제》. 양서원
· 윤성희(2018). 《푸드아트테라피와 상담기법》. 학지사
· 스테파니 L. 브룩박사, NCC. 류순분 옮김(2010). 《창의적 통합 예술 치료 매뉴얼》. 하나의학사
· 최외선·이근매·김갑숙·최선남·이미옥 공저(2007). 《마음을 나누는 미술치료》. 학지사
· 수잔 핀처 지음, 김진숙 옮김(2012). 《만다라를 통한 미술치료》. 학지사
· 릴리안 베르너 본즈 지음, 한창환 옮김(2008). 《몸과 마음을 치료하는 색채》. 도서출판 국제
· 노안영·강영신 공저(2004). 《성격심리학》. 학지사
· 윤운성(2013). 《에니어그램 명상》. 한국에니어그램연구소
· John Banmen 엮음(2008). 《버지니아 샤티어의 명상록》. 김영애가족치료연구소
· 캐런 킹스턴 지음, 최지현 옮김(2001). 《아무것도 못 버리는 사람》. 도솔
· 제임스 클리어 지음, 이한이 옮김(2019). 《아주 작은 습관의 힘》. 비즈니스북스
· John Bradshaw 저, 오제은 역(2006). 《상처받은 내면아이 치유》. 학지사
· 론다 번(2007). 《시크릿》. 살림
· 에밀리 와프닉 지음, 김보미 옮김(2019). 《모든 것이 되는 법》. 웅진 지식하우스
· 줄리아 카메론지음. 임지호 옮김(2017). 《아티스트 웨이》. 경당
· 나탈리 로저스 지음, 이정명·전미향·전태옥 옮김(2010). 《인간중심 표현예술치료: 창조적 연결》. 시그마프레스
· 할 엘로드 지음. 김현수 옮김(2017). 《미라클 모닝》. 한빛비즈
· 루이스 헤이 지음, 강나은 옮김(2014). 《루이스 헤이의 나를 치유하는 생각》. 미래시간
· 루이스 헤이 지음, 김태훈 옮김(2019). 《미러》. 센시오
· 파울로 코엘료(2020). 《내가 빛나는 순간》. 자음과모음
· 정명호(2020). 《욕망을 이롭게 쓰는 법》. 정신세계사
· 심영섭(2011). 《영화치료의 이론과 실제》. 학지사
· Judy Weise 지음, 심영섭 옮김(2012). 《사진치료기법》. 학지사

에필로그

운이 좋았다. 앞으로는 더 좋을 것이다.

나는 나를 '운이 억수로 좋은 사람'이라고 정했다.

행복하고 싶으니까,

건강하고 싶으니까,

함께하고 싶으니까!

"하늘은 스스로 돕는 자를 돕는다."

낡고 흔한 이야기 같지만 난 이 말에 인생을 걸었다.

아무것도 없던 시절, 절망의 끝에 매달렸을 때,

그 누구도 나를 도와주지 않던 그 길에서

이 말은 마치 구세주처럼 나의 뇌리에 박혔다.

"그래. 내가 나를 살리자. 그러면 하늘이 나를 도울 거야."

그리고 이 말은 정말 기적처럼 나를 살리고, 남편을 살리고, 가족을 살렸다.

또 주변을 살리고 함께하는 삶을 누리게 했다.

이 모든 삶의 여정을 함께해주고, 기다려준 그와

잘 자라준 두 아들에게 가장 먼저 감사의 마음을 전한다.

어떤 어려움에도 긍정적인 삶을 살 수 있는 마음을

선물하신 부모님께 감사를 전한다.

여러 테라피를 함께해주신 스승님들과 동기들, 수강생들에게 감사를 전한다.

따뜻한 마음과 격려를 해준 모든 주변 사람들에게

감사와 사랑의 마음을 전한다.

건강하고, 행복하며,

사랑으로 넘치는 삶을 원하는 모든 이들에게 이 책을 바친다.

이 책을 읽는 순간,

당신은 정말 억수로 운이 좋은 사람이다.